教如

東本願寺への道

大桑《おおくわ》 斉《ひとし》

法藏館

目次

序　教如の地平——課題と展望

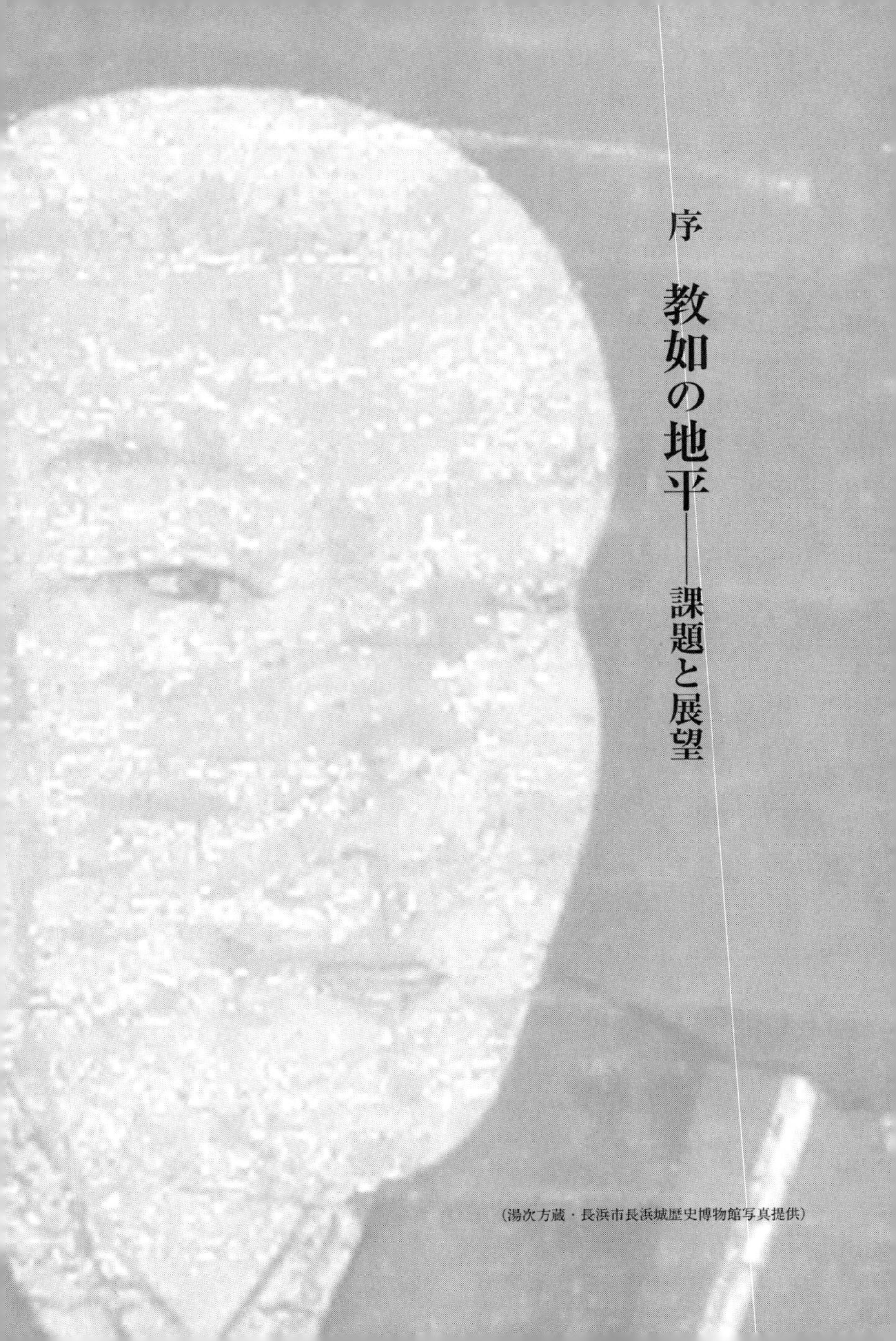

（湯次方蔵・長浜市長浜城歴史博物館写真提供）

鳴かぬホトトギス

教如《きょうにょ》って誰だ？　と問われそうである。とりあえず東本願寺を開いた人、と応えておく。ならば、その人物がなぜ問題なのか、論じられるほどの人物か、東本願寺を開いたことに何か意味があるのか、などなどと問い詰められたら、どう応えるのか。たしかに本願寺が二つあるのは不思議だが、さしたる問題ではなかろうともいわれそうである。

その、無名とも思われる教如の四百回忌が二〇一三年に廻ってくる。百、二百回忌法要の記録がなく、三百回忌も歴代並みだったから、今回勤まることになった四百回忌は最初の本格的な法要である。この機縁を逸すれば、教如を語る機会は二度と訪れないかも知れない。

教如（湯次方蔵、長浜市長浜城歴史博物館写真提供）

なぜ法要が勤められなかったのだろうか。真宗や真宗大谷派以外に世間的には無名であったにしても、一派の開祖ともいうべき位置にありながら、法要が勤まらなかったのはおかしい。無名という以上に、東本願寺が別に開かれたことが、誇るべき事柄としてではなく、むしろ応《こた》えに窮《きゅう》して立ちすくむようなものとして語られてきたことに依っている。徳川家康《とくがわいえやす》が本願寺教団を二つに割るために開かせたのが東本願寺であり、教如はそれを承知の上で、長男でありながら本家本願寺を追われたために、分家して別に本願寺を開いて、門徒を半分奪い取ったのだ、このように言われてきたこと、これが大きく作用している。

教如の生涯をつづめて言えば、織田信長《おだのぶなが》と石山合戦《いしやまかっせん》を戦い、本願寺を継ぎながら豊臣秀吉《とよとみひでよし》によってその座を追われ、徳川家康に接近して土地を与えられて本願寺を別に建てた、ということになる。鳴かぬなら殺してしまえホトトギス、と信長がいったそうだが、教如は信長にとって鳴かぬホトトギス。殺してしまえと戦いをしかけ、秀吉は鳴かせてみせようと追放し、家康は鳴くまで待とうと懐《ふところ》にいれた、そんな感じである。そのように教如の生涯をみれば、親鸞《しんらん》の教団である本願寺を別に開く積極的な理由が見えてこない。それならと、三人の天下人を相手にした英傑《えいけつ》、そのようにも見える教如像に、真宗大谷派はすがってきた。

でも、それだけなのだろうか。鳴かぬホトトギス教如を、三人の天下人が鳴かせようとしたのはなぜなのか。鳴かせねばならぬ意味があったはずである。敵対した本願寺とその指導下にある一向一揆《いっこういっき》を武力鎮圧したのだから、日蓮宗を信長が安土宗論《あづちしゅうろん》で屈服させたように、支配下に組み込めばよい。でも執拗《しつよう》に鳴かせようとしたのは、武力鎮圧や法論では従えることができない何かを本願寺教団が持っていたからである。それはいったい何なのか。逆から見れば、武力で屈服させられながら、それでも保持し続けねばならない何かを、教如という人物が理念として持っていたことを意味する。その理念を保持するには、どうしても別に本願寺を開かねばならない、そのような理由が教如にあったはずである。当然ながら、家を継ぐとか継がないとかというレベルのことではなく、宗祖親鸞の御座所を護持する本願寺門主の長男に生まれ、親鸞の開いた浄土真宗の教えを受け継ぎ、その教えによって生きる門徒衆と共に、往生浄土の道をあゆまねばならない、宗教者としてのそのような思いがあったはずである。そうでなければ、わざわざ別の本願寺を開創するなんてことを思い立つはずがない。そのような、三人の天下人がこだわった教如の保持した理念、それを解明することが、本書を著そうとした動機である。

教如には著書がない。手紙は多く残るものの、支援を求めるものや、志への礼状が主で、本願寺をなぜ別に開いたかを誰にもわかるようなかたちで書き残したものがない。だからといって、理念がなかったということにはならないだろう。でも、それだけに理念を明かすことは相当に困難である。今回、教如四百回忌法要が勤まることになって、改めて研究するところから、教如が心中に秘めた理念を窺い知る素材があることに気づいた。それらを紹介し検討して、教如の本願寺別立の理念に迫ろうとするのが本書の目的である。

通例からすれば、まず教如の伝記を追わねばならない。すでに二十七年前に「教如　東本願寺の分立」（『〈宗派別〉日本の仏教・人と教え4浄土真宗』小学館、一九八五）として発表したことがある。補訂すべき事柄が少なくないが、最小限の修正にとどめ、「伝記編　教如という生き方」と改題して再録し、最初に置いた。本論である「理念編」を補う付録である。教如が無名であることを考慮して再録したのであり、既に教如をご承知の向きには、後回しにして、参考程度に留めていただいて結構である。

生きる意味の場——トポス

思わせぶりに、教如には秘められた理念があることを述べたが、それにしてもそれが、現代において改めて語るべき意味がなければ、真宗大谷派という宗派内部の、しかもかつてそうであったということに限定されてしまう。果たして教如に、現代的な意味が見出せるのか、それが大問題である。

二〇一一年三月一一日、東日本の大地は激しく震え、海は嘯《うな》って押し寄せた。町も村も呑み込まれ、原子力発電所が崩壊した。多くの命が失われ、生き残った人びとも、存在の居処《きょしょ》を奪われた人が少なくない。教如を論ずるになぜ大震災かと、いぶかしく思われるに違いない。でも、私の中では三・一一大震災による問題の根幹が、教如の理念と重なっている。

教如が本願寺を別に開いた理念を追求していくと、人びとが存在の意味を見出す場という問題に行きつくと考えている。大震災によって失われたのは、これではなかったか、という思い、ここで教如の理念と重なってくる。北陸の山村で念仏しながら鍬《くわ》を打つ老人の姿を見て、中島岳志氏（宗教・政治思想に詳しい、北海道大学大学院准教授）が言った次の言葉がヒントになった。

彼が念仏しているのは、耕すことを通じて仏とつながろうとしたのだ。鍬の一振り一振りが彼にとって仏道であり、この世で生きることの意味を紡ぎ出す。彼にとって大地は、自らの役割を果す場所（トポス）なんだということですね。だから彼にとって、土壌が汚染されて自らの役割を奪われるということは、やはり存在が奪われることになるわけです。

（「同朋新聞」東本願寺出版部、二〇一一年九月号）

「生きることの意味を紡ぎ出す」、「自らの役割を果す場所」、これを思想界ではトポスという言葉で語るのだが、それが念仏とともに成り立っている場があったと中島氏は見るのである。この、生きる意味を生み出し続ける場、トポス、を奪われた人びとは、自己存立の場をもたないもの、放浪者（ノマド）となるしかない。トポスを崩壊させ、人びとをノマド化するのが現代である。三・一一大震災が、人びとをノマドにする現代という時代を露《あらわ》にしたのである。教如が別に本願寺を開いてでも守ろうとしたのは、トポスであったのではないのか。

かつて教如の前にも、念仏の共同体を解体せしめ、人びとをノマドとしようとする力が立ちはだかっていた。

課題としての反逆

鳴かぬホトトギス教如とは、反逆者の謂《い》いでもある。本願寺籠城《ろうじょう》継続は天下人信長への反逆であり、秀吉から大敵といわれても生き様を改めることがなかったから、やはり反逆であった。父である本願寺十一世顕如《けんにょ》からは、反逆ゆえに義絶されている。『観無量《かんむりょう》寿経《じゅきょう》』に説かれる古代インドでの悲劇、王である父に殺されそうになった王子阿闍世《あじゃせ》が、逆に父を殺し、母を幽閉した反逆、親鸞をそしって義絶された子の善鸞《ぜんらん》という反逆、子細は異なるが、イメージ的には重なる。反逆者とは、己の生きる意味が見失われる危機に遭遇し、それを守ろうとした者のことではないのか。教如の危機とは何であり、何を守ろうとしたのだろうか。

教如が守ろうとしたのは己と門徒《もんと》衆《しゅう》の存在の意味を紡ぎ出すトポスであった。中島岳志氏が描き出したような、人びとが念仏によって生きる意味を紡ぎ出す世界であった。門徒衆は、耕作の傍ら村の道場に集い念仏し、時には武装して一向一揆《いっこういっき》となる。彼らは農民であり信仰者であり兵士であった。信仰を核にして集い、大地に密着し、そこに生きる意味を見出して生きた。天下人は、そのトポスを破壊する。村に残る百姓、都市に常住する侍とに分離し、寺院に居住する専業の僧侶を生み出し、別々にして支配に組み込んだ。トポスを破壊し、人びとをノマドとして分散孤立させて支配する現代への出発である。破壊からトポスを守ろうとして反逆者となった教如は、歴史の進歩への反逆者であった。

いま、進歩という歴史観への反逆が求められている。三・一一大震災は、自然災害である以上に、歴史の進歩という存在の居処破壊に反逆し、問いを突きつけた。原発破壊による汚染は、それを鮮烈に見せつけている。大震災と原発汚染によるトポスの喪失、分散孤立支配への反逆として復興がなされねばならない。原発という進歩への反逆でなければならない。まさに進歩への反逆が課題である。さらには反逆から構築へ、トポスを如何にして再建しうるのか。「絆」がもてはやされたが、それは「生死流転の絆」というように、煩悩の愛執憎悪にまみれてある。それがそのままで、如来から賜った清浄の信心に転化されてトポスが成り立つ。過ぎ去った遥か彼方のその地平に、トポスを理念とした教如がいる。

伝記編
教如という生き方

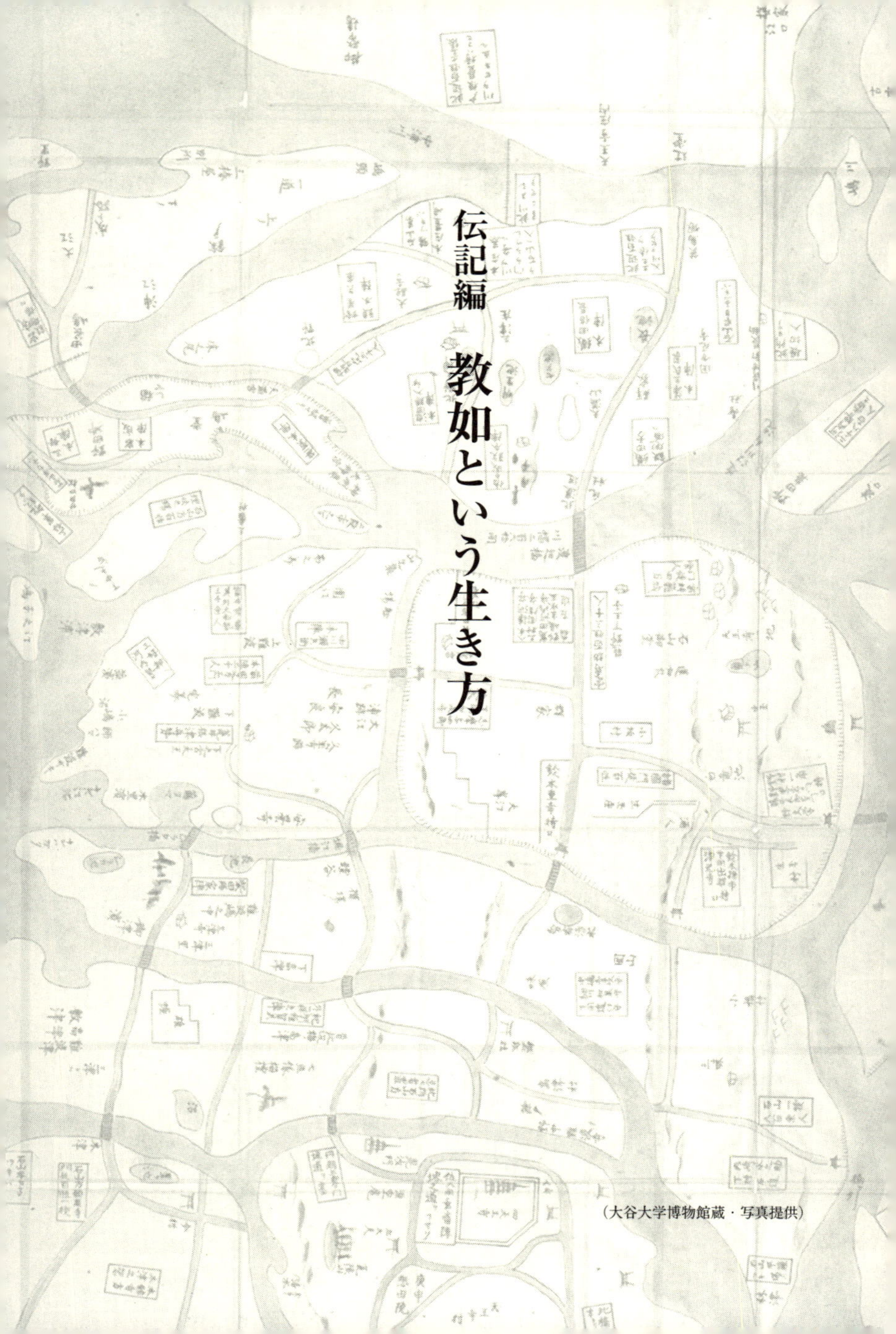

（大谷大学博物館蔵・写真提供）

略年譜——教如の生涯

永禄1（1558）＝1歳

9月16日、本願寺11世顕如の長男として石山本願寺に生まれる。

元亀1（1570）＝13歳

得度。織田信長との間に石山戦争が始まる。
——信長は、伊勢（三重）長島、越前（福井）、紀伊（和歌山）雑賀など各地の一向一揆を攻めおとし、その力を石山本願寺に集中させてくる。

天正8（1580）＝23歳

父・顕如が石山本願寺を退去し、紀伊鷺森に移った後も、4カ月にわたり、籠城し、信長に抵抗する。このために顕如より義絶を受ける。
——以後2年間、美濃から越前、飛騨などを「流浪」。

天正10（1582）＝25歳

信長が歿す（本能寺の変）。後陽成天皇の斡旋により、父の顕如と和解。以後、行動を共にする。

天正11（1583）＝26歳

本願寺が鷺森から和泉貝塚に移る。

天正13（1585）＝28歳

本願寺は豊臣秀吉より大坂天満の地の寄進を受け、移る。北国在陣の秀吉と会い、越前（福井）、加賀（石川）を巡る。

天正19（1591）＝34歳

本願寺は秀吉より京都七条坊門堀川の地の寄進を受け、移転。堂舎の建設を始める。

文禄1（1592）＝35歳

父・顕如が歿し、本願寺を継ぐ。

文禄2（1593）＝36歳

秀吉のために引退させられる。弟の准如が本願寺を継ぐ。
——門徒に下付する本尊に裏書きするなど、本願寺門主としての活動を続ける。事実上、本願寺の東西分立。

慶長5（1600）＝43歳

関ヶ原の戦。関東に赴き、徳川家康に会う。

慶長6（1601）＝44歳

家康の訪問を受ける。

慶長7（1602）＝45歳

家康より京都東六条に寺地——現、東本願寺——の寄進を受ける。

慶長8（1603）＝46歳

親鸞の影像を上野（群馬）厩橋妙安寺より迎える。

慶長19（1614）＝57歳

10月5日、歿。

教如論のむずかしさと意味

教如《きょうにょ》の伝記は、いままで書かれたことがない。東本願寺の創立者、つまりは現在の真宗大谷派の開祖であることを考えれば、伝記が書かれたことがないのは、むしろ不思議である。なぜ今まで書かれなかったのであろうか。

理由はさまざまに考えられる。その一つは、東本願寺の成立は明らかに本願寺（教団）の分立（分裂）を意味するものであるが、教団人にとってはこのことはけっして誇るべきこととして意識されていない、ということがあげられよう。分裂が、教理や信仰にかかわることであるなら、自派のそれの絶対性の主張の裏づけとして、分派の正統性が強調されようけれど、この問題のうちにはそのようなものは見えていない。宗教教団にとって、教理や信仰によらない分派は、ひけ目にこそなれ、声を大にしていうべきことではなく、できればそっとしておきたい事柄なのである。教如を書くことは、この恥部を白日のもとにさらすことになる。

ある日、講義が終わったとき、一人の学生が質問に来た。その日の講義内容とは直接には関係がないことだったけれど、それは次のようなものだった。「先生、僕の友人がいうには、東本願寺は徳川家康が教如上人のために建ててやったもので、今の（一九六九年に始まる大谷派紛争）改革派がいうような、本願寺は門徒のものだ、というのはまちがいだ、東本願寺は大谷家のものだ、というんですが、どうなんですか」と。この質問をうけて、愕然とした。いわば教団史研究にたずさわるものの責任を感じたのである。徳川家康が本願寺教団の力を削ぐために教如に寺を建ててやり、分裂させたのだ、という俗説が、このように現在の問題に利用されるとは思いもしなかったのである。

そこでこの学生に次のように答えた。「〝家康取立論〟がそもそもまちがいなのだよ。たとえば、会社で社長争いがあって、一方が時の権力者の引立てで別会社を設立して、こちらが正統だといったとしても、その会社が分裂するかね。分裂するならば、その会社の社員に対立があって、会社を割ってでも自分たちの主張をつらぬくという状況があってのことだよ。東本願寺の成立と教団の分裂はこれと同じで、教団を構成していた門末《もんまつ》に対立があり、二つに割れる状況があってはじめて起こったのであって、家康が分裂させるなんてことはできることではないのだよ」と。

いま東本願寺は、一見二つある観を呈してはいるけれど、そして一部で離脱がみられるけれど、教団は二つに割れてはいない。教如を論ずることは、教団の分裂を論ずることである。ここに教如論の一番の困難さがある。

第二のむずかしさは、教如を論ずることが一向一揆《いっこういっき》を、とくにその終末を論ずることになることにある。一向一揆論はいま、日本史における中世と近世、という大きな課題のメインテーマの一つである。一向一揆が、日本の宗教王国観、民衆的世界観の形成を示すものであり、それを打倒して成立した近世統一政権は、それらを完全に封じこめるために幕藩制国家という世界史上まれにみる強固な封建王国を築きあげた。このことが、その後の日本近代、さらには現代をも根底において規定しているという意見もあるくらいである。

大きくはこうした問題が横たわっているが、その前提になる一向一揆とはそもそも何であったのかが、実にやっかいな問題でもある。いま流行の日本中世社会史や中世国家論、さらには被差別身分形成論まで、いいかえれば日本中世史の全分野を視野に収めてかからねばならないのである。

いいわけはこれくらいにしておこう。ともあれ教如論を書くことは、こういう諸課題を踏まえてかからねばならないことをいいたかったまでである。

一　青年教如の像

教如は、永禄元年（一五五八）に生まれ、慶長十九年（一六一四）に五十七歳で没した。十一歳の永禄十一年には、織田信長《おだのぶなが》が足利義昭《あしかがよしあき》を奉じて入京し、信長の時代が始まった。そして教如が波瀾の生涯を終えたのは、まさに大坂冬の陣と時を同じくしており、翌年、豊臣氏《とよとみ》は滅びて、家康の天下が定まった。信長、秀吉《ひでよし》、家康という三人の天下人によって戦国時代が終結され、時代が大きく転換するその境目を、教如は激しく生きたのであった。

父顕如《けんにょ》とともに大坂（石山）の本願寺に拠って信長に抗し、秀吉、家康とわたり合った教如の姿は、宗教者というよりは一人の戦国武将のようでもある。一尺（30センチ）はあるといわれた面長な顔、鋭い切れ長な目に特徴のあるその容貌は、精悍という表現がいちばんぴったりしよう。身の丈《たけ》六尺という偉丈夫であったといわれるから、並いる戦国の豪傑たちに打ちまじっても、けっしてひけはとらなかったであろう。

父親の顕如、そして祖父の証如《しょうにょ》も、切れ長な鋭い目を共有している。これはその先の蓮如《れんにょ》や実如《じつにょ》の風貌と大きく異なっている。実如の長子で証如の父でありながら若死して門主とならなかった円如《えんにょ》を間にはさんで、証・顕・教三代の戦国期の門主たちのこの鋭い目はどこからきたのか。

代々の母方をたどれば証如の母は蓮如の孫娘であったが、顕如は庭田《にわた》重親《しげちか》という公家の娘に生まれているし、教如の母も、細川晴元《ほそかわはるもと》の養女であるが、じつは三条《さんじょう》公頼《きんより》という公家の娘である。彼女たちが公家風の切れ長な目を持ちこんだことは考えられるにしても、それを鋭く光らせたのは、戦国大名といってもよい性格をもたざるをえなかった、この三代の門主たちの立場によっているであろう。

顕如が細川晴元という畿内随一の大名の養女を妻に迎えたことから、本願寺は戦国大名たちと所縁を深めていく。顕如の妻如春《にょしゅんに》尼の一番上の姉は細川晴元の室であり、如春尼は姉の養女として嫁いできたのだが、次の姉は甲斐《かい》（山梨）の名将武田《たけだ》信玄《しんげん》に嫁していて、姉妹三人はそれぞれ戦国の有力者を夫にもっていた。

そして教如の最初の妻は、細川晴元の娘を室とした越前（福井）の大名朝倉義景《あさくらよしかげ》の娘であった。教如十歳の永禄十年（一五六七）、流浪の身であった足利義昭の仲介で、本願寺と長年敵対していた朝倉家との和議が成立したとき、その証《あかし》として義景は娘を教如に嫁入りさせる

教如の父、顕如（湯次方蔵、
長浜市長浜城歴史博物館写真提供）

ことを約したのである。実際には天正元年（一五七三）に信長に攻められて義景が自刃《じじん》した後、逃れて本願寺に入っている。時に教如は十六歳。本願寺そのものはまだ信長の包囲下にはなかったが、近江《おうみ》（滋賀）や伊勢《いせ》（三重）で一向一揆が信長軍と激戦中のことであった。こうして青年期に達した教如は、戦国の色濃い内に身をおいたのである。

けれども、教如が生まれたときから十年ほどは、戦国期の本願寺においてはもっとも穏やかな、そしてもっとも華やかな日々であった。教如が二歳のとき、前々年の顕如の華麗な婚礼に引きつづくかのように、本願寺が門跡《もんぜき》になった祝いが盛大にくりひろげられた。かつて、流罪《るざい》にあい関東の民衆の内に名をうずめていた開祖親鸞《しんらん》の姿からは予想もできなかったことであるが、その親鸞の三百回大遠忌《えんき》が、教如四歳の年に、これまた諸宗の高僧たちも参列するなかで、十日にわたる盛儀をくりひろげたのである。

折から堺《さかい》に滞在していたヤソ会士ガスパル・ヴィレラは、「日本の富の大部分は此坊主の所有なり。毎年甚だ盛なる祭を行ひ、参衆する者甚だ多く、寺に入らんとして門に待つ者、

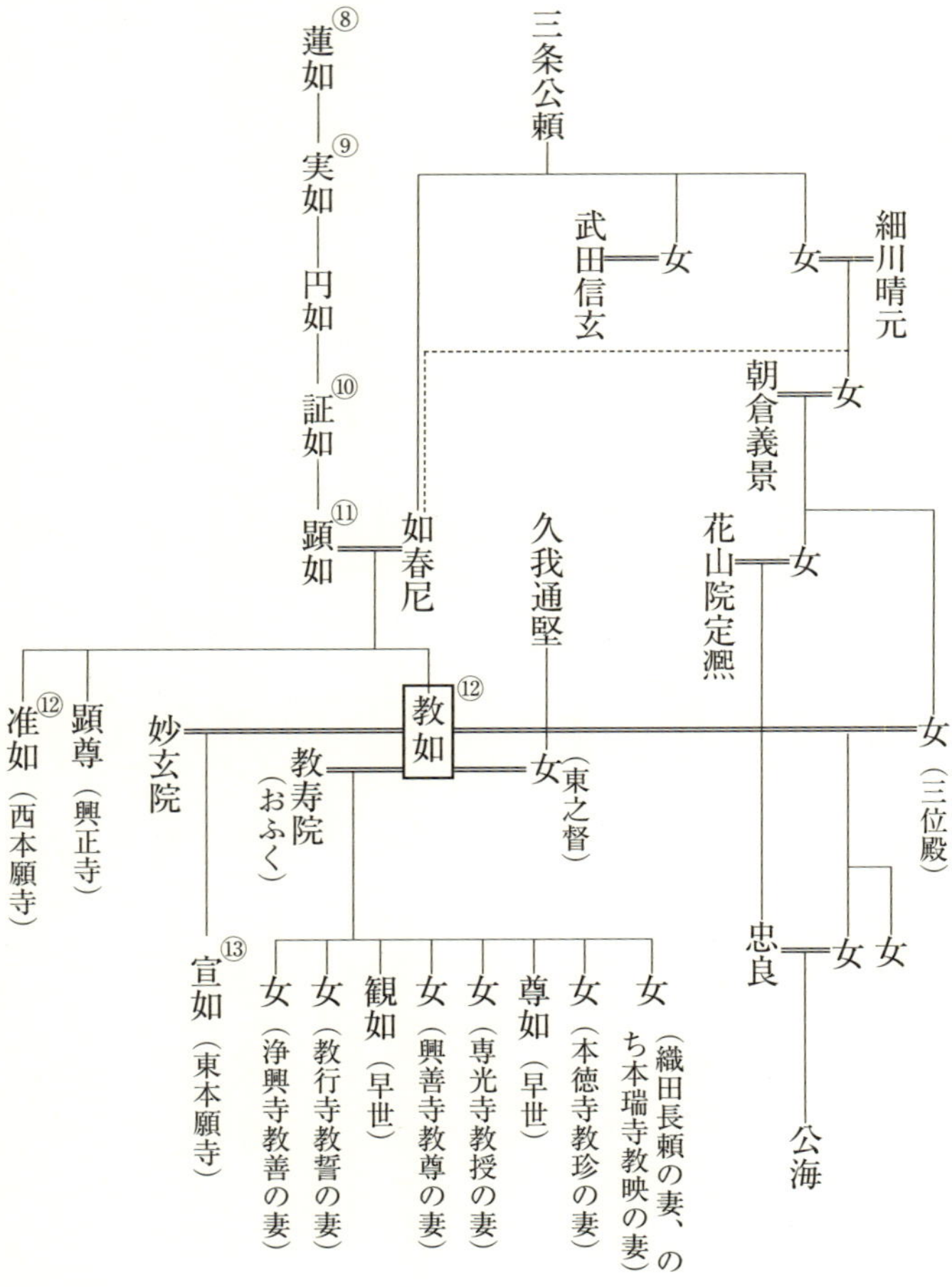

⑧蓮如
⑨実如
円如
⑩証如
⑪顕如
如春尼
三条公頼
武田信玄
女
女
細川晴元
朝倉義景
女
久我通堅
花山院定凞
女
⑫准如（西本願寺）
顕尊（興正寺）
妙玄院
⑫教如
教寿院（おふく）
女（東之督）
女（三位殿）
⑬宣如（東本願寺）
女（浄興寺教善の妻）
女（教行寺教誓の妻）
観如（早世）
女（興善寺教尊の妻）
女（専光寺教授の妻）
尊如（早世）
女（本徳寺教珍の妻）
女（織田長頼の妻、のち本瑞寺教映の妻）
忠良
女
女
公海

其の開くに及び競いて入らんとするが故に、常に多数の死者を出す」（『耶蘇会士日本通信』）と本願寺のありさまを報告している。三百回忌の翌年、大坂の寺内町には大火があり、二千軒が焼けたという。このことも本願寺とその寺内町が、いかに繁昌していたかを示すものであろう。

しかしながらこの大火は、やがて来るべき兵火の前兆のようでもあった。一年おいた永禄七年（一五六四）、今度は本願寺が焼けた。「残らず焼亡」と記され（『言継卿記』）、「日本中でもっとも華麗な寺院の一つであった（寺院）も、灰塵に帰してしまった。同時にその仏僧の多数の財産も消失し、三、四時間以内に約九百戸が焼け、（中略）百名が火中で死に果てた」（フロイス『日本史』）とも記されている。教如が七歳にしてはじめて出会った恐ろしいできごとであった。あたかも、のちに彼が火を放って退去することになる本願寺を予告するかのようである。しかし、大本願寺の力は、この災禍をたちまち克服し、翌年には堂宇の再建が成り、またまた盛大な祝いがくりひろげられたのである。

やがて教如も十三歳、元亀元年（一五七〇）と年号が変わる年の二月、父顕如によって得度した。そしてこの七月、信長軍が本願寺のすぐ西北の野田・福島に陣し、九月には石山合《いしやまかっ》戦《せん》の火蓋が切っておとされた。本願寺の命運をかけた決戦の開始である。

教如十三歳から二十三歳までの十一年間にわたるこの戦いのうちで、教如は何を見、どの

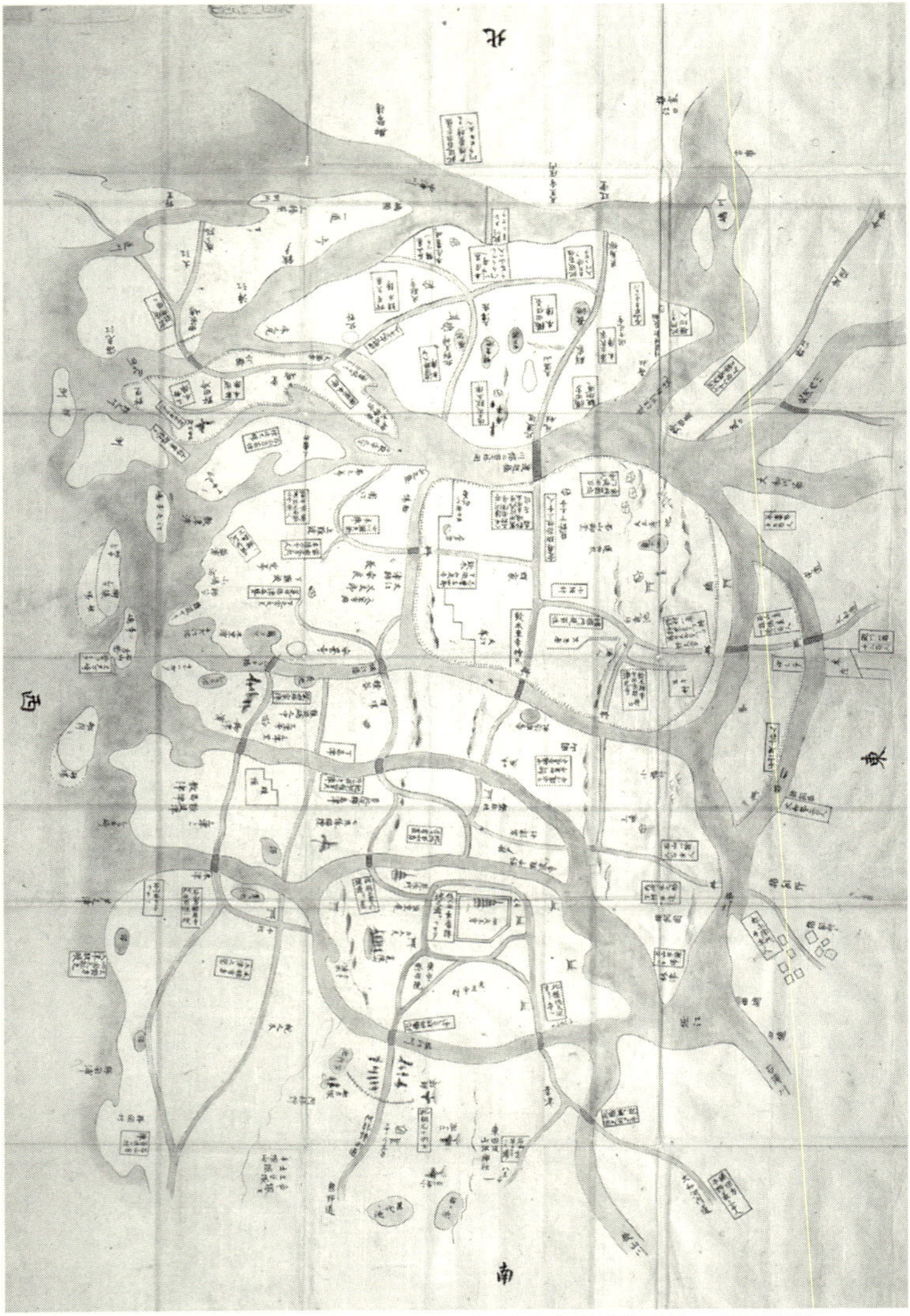

石山合戦の布陣（粟津家記録「大坂石山画図」、大谷大学博物館蔵・写真提供）

ように考え、いかなる行動をとったのか。青年期の教如を知るうえで興味あることなのだが、不思議なことに、ほとんど何も伝えられていない。後年の『石山軍記』にも、教如の姿は戦いのうちにまったくない。ただ、『紫雲殿由縁記《しうんでんゆえんき》』という一書に、「新門主の教如上人は、御器量は群にすぐれたまい、いまだ御若齢にして血気も定かならざるに、武門を習い染めたまい、戦軍をたのみとして勝利を得ることをおぼしめした」とか、あるいは、石山籠城《ろうじょう》軍の軍師の鈴木重幸《しげゆき》なる人物は、じつは教如上人の影武者であった、などという記事が見えているだけである。

このほか、教如が戦功を賞した軍忠状ともいうべきものが「教如上人消息」（以下「消息」と略し、文書番号のみを記す）のうちに見出せる。

一通目は天正四年（一五七六）四月十一日付で、広芝口《ひろしばぐち》（吹田市）の合戦で討ち死にした願誓という坊主の忠勤を報じ、名号、詠歌を与えてこれを賞したものである（消息1―1）。二通目は同年五月三日付で、大津の教信が本願寺の西南方の三津寺表《みつでらおもて》の戦いで抜群の働きがあったことを賞し、累代《るいだい》の昇進を約したものである（消息1―2）。また同じく五月十六日には、実存なる坊主の野田表《のだおもて》の合戦での働きを賞し、同じく累代の昇進を約している（消息3―40）。この天正四年五月には、明智光秀《あけちみつひで》らを将とする織田軍が三津寺表から本願寺を攻めたが、織田軍の原田備中守《びっちゅうのかみ》が討ち死にするなどして散々に敗北したため、信長が自ら出馬したものの、これまた敗退したという戦いのあったときである。時に教如は十九歳。自ら戦いに加わったとは思われないにしても、このころから新門《しんもん》として父顕如に代わって、このような軍忠状を発するようになっていたのである。これが石山合戦における教如の姿を示すすべてである。『紫雲殿由縁記』の記事を事実とするなら別であるが、後年の激しい行動を知る者にとっては、何か腑《ふ》におちない。教如は石山合戦中はほとんど引きこもっていたかのようである。

二　大坂拘様は父子密計か

大坂の籠城戦は、天正七年（一五七九）もおしつまった十二月二十五日、勅使として権大《ごんだい》納言《なごん》庭田重保《しげやす》と中納言《ちゅうなごん》勧修《かじゅうじ》寺晴豊《はるとよ》が大坂に下向《げこう》したことで、いよいよ終結の時がせまってきた。信長に反逆して大坂と結んだ荒木《あらき》村重《むらしげ》の摂津《せっつ》（大阪）有岡《ありおか》城もすでに陥落していたし、播磨《はりま》（兵庫）で信長軍を阻んでいた別所長治《べっしょながはる》の三木《みき》城も、年があけた天正八年正月十七日に開城した。本願寺はなお数十カ所の砦《とりで》を保持していたものの、兵糧、弾薬も底をついてしまった。信長は二月二十七日に京都を出て大和（奈良県）郡山・摂津有岡と大坂周辺を巡視し、威圧を加えた。

こうして三月一日、前関白近衛前久《さきのかんぱくこのえさきひさ》と庭田・勧修寺両勅使が再び下向し、和議の詰めにあたった。三月十七日、信長は惣赦免《そうしゃめん》・加賀（石川）二郡返附・大坂退去など七カ条の和議にも信長の七カ条の和議を受諾する誓詞を両勅使に呈し、また家老の下間少進法橋仲之《しもつましょうしんほっきょうちゅうし》・同按察使《あぜち》法橋頼龍《らいりゅう》・同刑部卿法眼頼廉《ぎょうぶきょうほうげんらいれん》は起請文《きしょうもん》を添えて両勅使に呈出した。これから二十日あまりたって閏三月五日、顕如と教如は起請文を草して呈出した。ここに和議が成立したが、信長の求めた七月盆前までの退去にはまだ時間があった。

しかし、これから述べるように、その後信長の裏切りを警戒するところから、退城反対論が起こり内紛となったため、顕如は予定を早め四月九日に祖像を奉じて退去し、紀州（和歌山）鷺森《さぎのもり》へ移る。教如は籠城継続を主張し、顕如から義絶されつつもこれを実行するが、ついに支えきれず、八月二日に退去するにいたる。この教如による籠城継続を「大坂拘様《かかえざま》」という。

さて、以上のような経過による大坂拘様は、顕如―教如父子が密約してなされたものである、という説が古くから行われており、近代史学においても辻善之助博士がこれを主張し、近来また、これをめぐって論議がある。父子密計説は、なるほどいかにもありそうなことに思われる。

勅命による講和とはいえ、あらゆる権威を平気で踏みにじる信長であってみれば、そのことは何の保証にもならないし、かつて和議が成立して退城した長島一揆を、違約して皆殺しにした実績を信長はもっている。状況からしても、十年にわたって信長を苦しめた本願寺が武装を解いて鷺森に移るなら、これを一挙に屠《ほふ》るには絶好の機会である。そこで大坂に教如が残留して殿《しんがり》軍の役目を引きうけるなら、信長とてうかつには動けまいと考えるのは常識に属することであり、むしろ本願寺あげて鷺森へ移る方が非常識ですらある。教如が残留したうえで、信長からの違約との非難をかわすためには、これを義絶するという方法があり、事実はそのようになった。このような常識論が密計説の根底にありそうである。そして、これが密計であれば、その関係史料は本来残されるべきものではないから、これを実証することはきわめて困難なのである。

それまで教如を登場させなかった『石山軍記』では、このような状況のもとではじめて教如が前面に出てくる。顕如退去の途次を信長方が襲撃するという情報が伝わったときのことで、次のように記されている。

顕如上人は御心痛の余り、一門家老中を集めて評議に及ばれけるが、此時、顕如上人の御嫡男《ちゃくなん》教如上人、今年廿三歳なれども深智《じんち》の御性質なりしかば、進み出で給い、「実に此の事重々難儀の次第なれども、勅命は背き難く、また信長のくわだても公然ならねば、訴えんようもなし。しかしながら此の方にも謀略を以て紀州へ移らんには、さして心にかくるところなし。（中略）そのうえ私共当地退去を拒み、再び籠城の体をなし騒動に及びなば、信長も怒りて『約に背きし』とありて、尊父の方へ使者を送るべし。そのときの御返答には、『誓詞を守りて退去致すのところ、新門（教如）が思慮なき企てをなし、我に背き残りとどまり候故、教如は勘当せしめ候。いかようとも信長の御はからいに任せられ、御憤りを休め給わるべし』とおおせつかわさるべし」と。

父子密計説はこのような常識論に立つものであった。

また、教如義絶は、天正十年（一五八二）六月の信長の死とともに解除される。このことも、義絶の密計が信長に対するものであったから当然であるとして、密計説の根拠の一つとされてきた。しかし、これから述べるように、大坂拘様から義絶解除の二年間に、父子間の不信は深刻なものとなり、それにもまして各地で教如方と顕如方に教団が分裂し始めており、家臣間にも根深い対立が残ったのであるから、これを父子密計の結果と考えるとき、きわめて不自然なものとなり、したがって和解も信長の死という一つの契機によったにしても、その意味が再検討されねばならないであろう。

それでは、大坂開城―拘様―義絶という過程をどのように考えたらよいのであろうか。すでに研究者によって論じられてきたが、その史料となった教如の書状について、近来（一九八四年）新しい見解が表明され、これにもとづいて再考しなければならない状況にある。すなわち金龍静氏は、二月二十三日という日付だけで年次の記されていないほぼ同文の教如書状約二十通について（日付の異なるものも含む）、これらは従来いわれてきたように天正八年のものではなく、九年か十年にかけるべきことを提言した。たとえば、教如が大坂拘様を表明した書状の代表的なものとして、美濃《みの》（岐阜）浄土寺に宛てた三月九日付の書状が用いられてきた。それには、

このたび、大坂拘様の儀を思い立ち候ところ、予に一味の儀は、まことに志のほど忘れがたきことに候。（中略）自然、入眼《じゅげん》の儀はあい調《ととの》い候とも、身の上の儀は、いささか気づかいあるべからず候。

（「天正八年信長と媾和及大坂退城に関する文書」九、以下「退城文書」と略し、文書番号のみを漢数字で記す）

とある。この「拘様の儀を思い立ち」という文句によってこの書状の三月九日は天正八年とされてきたのであるが、一方、文中にある「入眼の儀」とは顕・教父子和解のことを指すの

で、八年三月段階ですでに義絶され、しかも和解が問題になっていることになり、とうてい天正八年とすることはできず、したがって金龍氏の提言はまことに妥当なものである。

このように、金龍氏が「二月二十三日系文書群」と名づけた一連の教如書状を除外して考えると、従来みすごされていた別の教如書状が大きくクローズアップされてくるのである。

三　天正八年閏三月

今度□無事すでにあい調い候につき、当寺を信長へあい渡すべき分に候。しかれば、数代の本寺聖人の御座を、彼《か》の輩《やから》の馬のひづめにけがさん事、一宗の無念、なげき入るばかり候。それについて、仏法の威光を以て、なるべきうちは当寺をあい拘《かか》へべく、思い立つ事に候。此の儀、さらに以て御門主に対し私曲《しきょく》をかまゆる所存にあらず候。ただひとえに当寺を相続候て、仏法の退転なきようにと思う事に候。もし此の儀に違篇《いへん》候はば、第十八願にもれ、聖人の奏意にそむく。仏祖の照覧あるべく候。予の心中に一味同心の輩は、連署すべき者なり。仍《よっ》て誓詞、くだんのごとし。

天正八年閏三月七日　　教如

（退城文書一〇）

『絵本石山軍記』（第2篇巻之6-10）に描かれた石山合戦
（国立国会図書館蔵・写真提供）

「二月二十三日系文書群」を除けば、これが教如が拘様を表明した最初の文書ということになる。したがって従来いわれたのと異なり、教如は天正八年（一五八〇）の閏三月五日の和議誓詞呈出の二日後になって、態度を拘様に転じたものとしなければならない。しかもこれは、第十八願や聖人・仏祖に誓う文言をもつ誓詞であること、一味同心者の連署を募る宣言文であることが様式の上から注目され、加えて、拘様が門主顕如への反逆を意味するものではないとされていること、あるいはまた、宛名を欠くところからもこれが不特定多数の、いいかえれば大坂本願寺籠城軍はもとより、全門末にたいして発せられたものであること、等々を考えると、この文書のもつ意味はきわめて重大である。

つまり、教如は、大坂拘様は父顕如の内意を得て行われるものであるとして、公然とこれに同調する者を募ったのであった。父子密計説を裏づけるかのようであるが、少なくともここで教如は、拘様が顕如の意に反するものとは考えていなかったことだけはたしかであろう。そうでなければ、公然とこのような宣言を発することはできない。

つづいて教如は閏三月十三日には、紀州雑賀惣中《さいかそう》に宛てて拘様を告げた書状（退城文書一二）でも、「御門主にたいし申し、この他一切の私ごとをかまへ申す体、ゆめゆめこれなく」と書いている。ところが同日、顕如もまた紀州門徒惣中宛に書状を発し、「此の二三日已来《いらい》、内輪の申しごとでき」と内紛の発生を告げ、紀州より援軍を募るなどということは「予はいささかも知らず」（退城文書一三）と断言して、教如書状を否定したのである。

そこで教如は、「今度、存じ立ち候の儀、御門主にたいして毛頭如在《じょざい》（疎略）の段これなく」という文言で始まる書状を、家老下間頼廉《しもつまらいれん》に宛てて呈出し（退城文書一五、日付欠）、自分の行動は顕如の退去を援護する目的以外のなにものでもないことを告げ、顕如へのとりなしを依頼したのである。これにたいして顕如は、二十五日になって教如に返書して、内紛を引きおこした罪を叱責し、かつ、「予が心中に拘様は了簡《りょうけん》に及ばず」（退城文書一六）と拘様を考えつきもしなかったと否定する（「及ばず」は「不反」となっている。これを「反せず」と読むのであれば意味は逆転し、顕如は、拘様を内心で認めたことになる。しかし、このように読むと、全体の文脈からいってこの部分が浮きあがってしまうので、「反」は「及」のミスプリントと判断した)。

このようなやりとりの内に感じられるのは、教如は大坂拘様を顕如が暗黙の内に了解したと感じとったか、またはそのように了解してくれるはずであると判断したか、さらにいえば、何者かによって顕如の内意をそのように伝えられてこれを信じたか、これらのいずれかであろうことである。逆にいえば教如は顕如から内密にしろ直接の了解は得ていないと判断される。とすれば教如の状況判断の甘さ、というより、父は分かってくれるはずだという甘えが、大坂拘様の出発であったことになろう。そうでなければ、教如が虚言を構えたか、顕如がだましたことになるが、そこまで勘ぐる必要はなかろう。

かくして顕如は事態の急展開に驚き、七月の期限をまつことなく、早々に退去することで和議を実現させようとしたのである。閏三月二十七日には紀州門徒に迎船の手配をし(退城文書一七)、また和泉《いずみ》(大阪)貝塚の有力寺院である卜半斎《ぼくはんさい》にも告げて援助を求めた(退城文書一八)。一方このころ、織田軍は加賀の北二郡への侵攻を続け、金沢坊は陥落寸前のありさまであった。加賀二郡を返附するという和議への背反であった。この知らせの内に教如は、ますます確信を固め、先の二十五日付の顕如叱責状にたいして返書を発した(退城文書二〇、閏三月二十八日付)。しかしこれには、「三人の年寄」(下間仲之、頼龍、頼廉)が取りつがなかったため顕如に達せず、再度、二十八日に発したと記されていて、この段階で三家老は公然と教如を排する態度に出たことが明らかになる。そこで教如は宛名が「垂髪御中《すいはつおんなか》」とあるように、顕如の児小姓《ちごしょう》宛の形をとって顕如に披露されることを期したのである。

ここで教如は「拘様の儀は御了簡に及ばず、御退出の一儀にあい究まる事、もっともに存じ候」と、顕如が拘様を認めないで退去することを是認しながら、信長の違約は加賀侵攻に歴然としており、勅命講和に反したのが信長である以上、もはや和議は破れ、退出すれば加賀と同じ運命をたどると力説し、今しばらく留まるように説いている。教如は書くにつれて思いがあふれたのであろうか。冒頭で顕如が退去することを是認したと述べたことも忘れたかのように、今さらになって退去することの非をならし、「福島陣以前にその心得にて候えば、御もっとも」と、いまさら退去するくらいなら、はじめから大坂に固執せずに退去すべきであったといい、また「国々の門徒衆中のかせぎ、千万の身命を捨て果たし、今日まで相続せられ候ところ、むなしく成られ」と、石山の戦いに流した門徒衆の血にかけて退去の撤回を顕如にせまるのである。しかし所詮これは顕如の容れるところではなかった。

ここまで、顕如と教如のやりとりを追ってきて分かることは、両者の応酬がかみ合っていないことである。顕如は、教如が自分の意に反して拘様を開始し、このことによって内紛を引きおこしたことを責めるだけであり、教如は、信長の違約の危険を説き、自分の拘様は顕如に反逆しようとするものではなく、ただ本願寺の安泰を願うのみであることをいうだけである。つまるところ諭戦とはこのようなものなのかも知れないが、三家老が教如の書状を顕如に披露しなかったように、あるいは教如が顕如の内意を得たと信じこんで動き出したように、両者の間には充分な意志疎通が欠けている。二十八日の教如書状に「人の申しなし」というように、つまり讒言《ざんげん》によって遠ざけられているという状況が想定されてくるのである。

いいかえれば、教如は、顕如側近の何者かによって、顕如退去の殿軍として大坂に残るようにしむけられた可能性が強い。その策謀者として考えられるのは、下間少進法橋仲之であろう。三人の家老の内、最初の日付欠の教如書状（退城文書一五）が下間刑部卿頼廉に宛てられていることは、教如が頼廉を信用していたことを示そう。また按察使法橋頼龍は、このあと、教如とともに拘様に加わり、ずっと行動を共にするのであるから、残るは仲之しかいない。その仲之は終始顕如の側近にあり、のち文禄元年（一五九二）に顕如が没して教如が門主となった時、折檻《せっかん》追放の処分をうけているのである。

四　祖像をめぐって

大坂拘様は、このように父子密計にもとづくよりも謀略の感が強いのであるが、さらに次に述べるような顕如退去時における祖像の一件にもこのことがうかがえる。

四月十七日付で教如が垂髪御中宛の形で顕如に発した書状（退城文書二五）によると、顕如は退去にあたって祖像の頭部を大坂に残す約束を教如に与えていたようである。「連々《れんれん》と御ぐし（首）の儀を申し入れ、御契約はもちろんに候。（中略）此の段は、御約束ありながら、すでに御出船の期に臨んで、御ぐしと号せられ、毫摂《ごうしょう》寺より上られ候を下され候段は、御造意《ぞうい》あまりなげかわしく候」と見えており、約束に反して身代わりの毫摂寺から寄進された木像の頭部しか与えられなかったことを教如は歎いている。

このとき教如は、三段階の希望を申し入れていた。まず第一に、祖像そのものを残してほしいと望み、それがだめなら祖像の頭部だけでもといい、第三に、本意ではないが毫摂寺寄進の木像でもいいと要請したのである。

このように教如が祖像にこだわったのは、「拙者ことは、家督をたまわり」と文中にあるように、祖像を残すことが約束された以上、門主の地位も譲られたことを意味するのであり、大坂拘様は、祖像を擁した本願寺門主の籠城でなければならなかったのである。教如が再三にわたって書状の内で「聖人の御座所」の守護として拘様を主張する以上、そこには祖像がなければならない。こうして教如をして大坂にたて籠らせ、退去の殿軍たらしめるためには、祖像を与える約束が不可欠となった。

しかるにここでも教如は裏切られる。先の三段階の要請の最後のものが容れられることになったのだが、さて退去の段になると、顕如側は「数年つつがなき御影像《ごえいぞう》を、目の前にて御ぐしをぬき、あまつさえ御筒体《ごとうたい》をくずし、破り焼き」捨てたのである。毫摂寺木像の頭部のみは与えられたものの、そんなものは祖像でも何でもないというように、残りの胴体を破却し焼き捨てたのである。ちなみに、この木像は、大谷廟堂《びょうどう》の木像が唯善《ゆいぜん》に奪われた後、覚《かく》如《にょ》が新たに二体造立し、その一つを毫摂寺の祖乗専《じょうせん》に与えたものであった。

教如はいう。「まことに無仏世界と申すべきか、前代未聞に候。出仏身血《しゅつぶつしんけつ》（仏のからだから血を流す）の罪科は、卒都婆を破りそこない候さへ、その罪にひとしきよし申し候に、仏法の本寺にて祖師聖人の御影像を破滅させられ候ことは、そもそもたれの所行に候や」と。

さらにそれだけではない。本願寺代々の御影などは顕如方が持ち去ったが、持ちきれなかった数幅の御影は焼かれてしまったのである。

このように、教如が顕如に申し送っていることは、これらの事柄が顕如の指図で行われたのではないと教如が確信していることを示している。「たれの者の所行に候や」といい、そのあとにつづけて、「定めて御そばの者ども、仏とも法とも存知せざるともがらのしわざに候か」と、側近の家臣たちの所行であろうと顕如に告発し、「其の仁体《にんてい》をしるし、万人のいましめにも成し申すべき」と、顕如による処罰を求めているのである。

このように次々とあざむかれていきながらも、教如が大坂拘様を撤回しなかったのは、これが教如一人の思いつきでなかったことによっている。顕如退去の前の四月二日に加賀四郡に、同三日に能登の二郡に、教如は拘様を告げている（退城文書二二）が、この書状には近江の慈敬《じきょう》寺証智《しょうち》と、摂津《せっつ》の教行《きょうぎょう》寺証誓《しょうせい》が添状を付している（退城文書二四）。これに毫摂寺（善芸《ぜんげい》か）を加えた三人が、大坂における教如方の中心人物であった。

このうち慈敬寺証智は、元亀元年（一五七〇）に浅井・朝倉連合軍とともに湖西で信長軍と戦い、顕如から功を賞されて院家《いんげ》に取り立てられた有力者であった。彼らは、顕如が退去したのちの四月二十一日には、下間仲之・頼廉の奉書（退城文書二八）によると、顕如の鷺森下向はしばらくの逗留であって退去ではないとの虚説を流したとの咎《とが》で、「門徒衆を召し放たれ、すなわち両三人は身上を御勘気《かんき》」と、破門を宣告されたのである。

けれども彼らはこれに屈せず教如に従った。教如は拘様かなわずと知って退去する寸前の七月二十三日、慈敬寺に書状を与え、「此のたび一味同心の覚悟は、比類なく候、たといいずくに居住し候とも、子々孫々にいたり、真俗ともに見はなさず召し出し、別儀あるべからず」(退城文書四二)と、これを謝しているのである。これら教如方に加わって拘様をつづけた寺々にとっては、大坂を立ち退いたとき、もとの在所に帰住できるという保証は何もなかった。「いずくに居住」しうるのかという不安が行く手に待っていたのである。それは教如に加担した故に起こったことではなく、逆にそうであるが故に教如に同調し、拘様に踏み切らねばならなかったのである。その理由については後述するが、ここではともあれ、彼らはその戦国的あり方を守ろうとしたのだとだけいっておこう。

教如は、大坂籠城軍のうちのこうした勢力にかつぎ出されたのであるが、教如の意識のうちでは、先にも示したように、開戦以来流された幾万とも知れぬ門徒の血のうちに育った自分に忠実であろうとしたのであろう。その青年教如の純粋さが、老巧な家老衆によってみごとに利用されたのである。

家老下間衆《しもつましゅう》にとってみれば、勝ち目のなくなった籠城戦は何の益もないものである。また開城して退去したとて、彼らは一般の大名の家臣と異なり、失うべき所領を持っているわけではない。本願寺さえ安泰で諸国門末からの懇志が寄せられるならば、それに寄食する彼らもまた安泰である。こうして下間衆を中心とする家臣団の多くは、拘様に教如を追いやり、目ざわりな主戦論者の地方有力寺院をここに結集させることを得策と判断したのである。

顕如と祖像の安泰が保証された後、反逆者として大坂拘様の一味が、信長によって討滅せしめられるなら、かえって好都合であった。そのために、教如は義絶され、同調した者たちは破門に処せられねばならなかったのである。したがってまた、彼らの拘様が大義名分をもつことになる門主譲位とか祖像安置は、絶対に認めることはできなかった。

五 「流浪」する教如

天正八年（一五八〇）八月二日、教如はついに大坂を退去する。奈良『多聞院日記《たもんいんにっき》』に、「近衛殿請け取られ渡りて後に焼くるように用意しけるが、無残二日一夜、明三日までに皆々焼け了《おわ》りぬ」と記しているように、近衛前久《このえさきひさ》が本願寺を受け取った後に火を発し、翌日いっぱいかかって灰燼《かいじん》に帰したのである。蓮如がこの地を開いた明応五年（一四九六）から八十五年目、祖像がこの地に移った天文二年（一五三三）から四十八年目、そして幼い日の教如が体験した永禄七年（一五六四）の大火から十六年目のことであった。受け取ったのが前関白《さきのかんぱく》近衛前久であり、またすべてを焼いて廃墟とすることで、「開山の御座所を馬の蹄にけがす」ことだけはまぬかれようとしたのである。毫摂寺寄進の木像の頭部も焼かれた。『叢林集《そうりんしゅう》』には「顕如上人大坂一乱の時、御失却なり」とみえている。

退去したその足で、教如は鷺森の顕如のもとに到った。しかし顕如はこれを許さなかった。ここから教如の、いわゆる「流浪」の二年間が始まる。教如はいったいどこへ、そして何をして二カ年をすごしたのか。

そのことを記す前に、教如とともに退去した人について見ておかねばならない。彼らもまた許されざる人びとであったから、本拠の在所に落ち着くことはむずかしかったであろう。慈敬寺が堅田《かただ》を退去して高島《たかしま》郡舟木《ふなき》に移ったのはこのことを示していよう。それとても顕如方からのきびしい締めつけをかいくぐってのことであった。八月十五日に教如が江州鉄砲衆に宛てた書状（退城文書四五）では、「御門主より御折檻候、迷惑察し候」とあるように、顕如は破門した人びとをどこまでも追及したようである。

かつて一向一揆の全盛期には、破門は死を意味していた。この苦しみを何度も味あわされた近江の『本福《ほんぷく》寺跡書』では、「御勘気《かんき》の時は、いっしょにあれば、蛇子《しゃこ》の干《ひ》詰《づま》りのごとく、餓《かつ》え死《じに》、乞食《こじき》死、此処や彼処に倒れ死、凍え死、冷《ひえ》よりの病をうけ病み死、かかる死に様《よう》をするぞ」と記している。石山戦争終了時にこれほどのことはなかったにしても、破門は恐ろしいことであった。

教如の退去とともに、同調した門末の多くはこのような苦難を味わうことになったが、これは教如とて同じことであった。しかし教如は一人ではなかった。数名の幕僚ともいうべき人びとを伴っていたと思われるが、その一人に下間按察使頼龍がいる。かつて大坂本願寺の三家老の一人として活躍した頼龍は、途中から教如の拘様に同調し、顕如退去後も大坂に残ったのである。このことは、五月十四日の越前《えちぜん》浜《はま》三郷《さんごう》浦《うら》々衆宛ほか数通の教如書状に、「なお、按察法橋（頼龍）申すべく」とみえ（退城文書三〇）、また六月一日には、頼龍が教如の閏三月七日の拘様宣言文につけて近江栗太《くりた》・野洲《やす》郡惣《そう》中に添状を発している（消息1—23）ことに知られる。頼龍が教如に従った理由は定かではないにしても、同僚仲之のやり方への反撥であったことは充分に予想できよう。

こうして頼龍はその後、教如の側近にあって参謀の役をつとめたと思われるが、二カ年の「流浪」の後、教如が許されたときも、彼は勘気《かんき》を解かれなかったようである。『本願寺《ほんがんじ》表《ひょう》

裏問答《りもんどう》』という書には、

このかかえざますすめたる者八十余人、顕如上人御存生の間は御勘気たりしを、（天正二十年）霜月二十四日に、顕如上人御遷化《ごせんげ》ありしかば、この者ども皆ことごとく召し出だされ、御葬礼の御供を申したてまつる。父上の定めおかれし定衆《じょうしゅ》が誓願《せいがん》寺・定専坊《じょうせんぼう》は、二人ながら押しこめられ、御勘気の福田寺・端坊《はしのぼう》、定衆となる。下間少進（仲之）は御奏者《ごそうじゃ》を召し上げられ、御勘気の按察（頼龍）二老《にろう》となる。

とみえているように、頼龍のみならず、多くの人びとが顕如存命のうちは許されることがなかったのである。頼龍は九月十三日に飛騨（岐阜）照蓮《しょうれん》寺宛に懇志の受取状を発しているが、この文中で教如をさして「当門様」と呼称している（退城文書四七）。頼龍にとって門主はいまや教如一人であった。そしてまた教如も、以下に述べるように門主としての行動を続けるのである。

それでは教如はその後どのように活動したのだろうか。従来は「流浪」をつづけたとされ、その足跡が定かにされていない。謎とき的興味もあるが、この二カ年の行動は、後の本願寺の分立の基盤を固めたものと思われてきわめて重要である。

『東本願寺《ひがしほんがんじ》家譜《かふ》』なる一書は、その後の教如は「和歌浦より奈良に到り、また近江榎並《えなみ》に居し、明年、安芸（広島）に趣き、円澄《えんちょう》寺に居す」と記している。ここにみえる近江の榎並

いまに伝わる甲津原の顕教踊り
（米原市写真提供）

は、現在の滋賀県米原《まいばら》市の板並《いたなみ》地区のこととされ、柏原祐泉氏によれば、この板並とその北方の甲津《こうづ》原《はら》には、石山合戦の折に顕如と教如が下向したのを慰めたという、顕教《けんきょう》踊《おど》りとよぶ盆踊りを伝えているという。確認するすべをもたないが、いちおう教如はこの地に来ったと推定しておこう。次に安芸に移ったとされるが、これもいまは述べるだけの知見をもちあわせていないので、検討は留保しておきたい。

なおこの間、頼龍はずっと教如に従ってともに行動していた。教如の九月二十八日付の順《じゅん》勝《しょう》寺宛書状（消息1―54）、十月二十五日付の尾《お》張《わり》西心坊宛書状（消息1―55）十一月二十三日付の洛中洛外志衆宛書状（消息1―57）には、各々末尾に「なお按察法橋申すべく候」の文が添えられているからである。

その後、教如は北陸に姿をあらわす。これも伝説的な話であるが、福井県大野市富島の南専寺の由緒書には「教如上人は大坂を御退去の砌《みぎり》、当村に御《ご》光輿《こうよ》あそばされ、数日、御逗留あらせられ、それより当地を御出立あそばされ、穴馬《あなま》道《みち》と申す大難所を御通り成られ、飛州へ趣むかせられ」とある（「南専寺文書」）。この話には、教如が南専寺逗留中に娘を見そめ一子を生ませたという附録までついている。大野通過を事実とすれば、近江の北部から越前の南部の山岳地帯をへて白山の南麓《なんろく》を越えて飛騨を目ざしたことになり、当時、越前・加賀が柴田《しばた》勝家《かついえ》らの軍政下にあることを考えれば、潜伏して近江から安全地帯の飛騨へたどりつくにはもっとも考えうるルートである。こうして天正八年（一五八〇）の末には白山南麓から飛騨方面へ移っていたと考えられる。

＊以上、教如「流浪」の道筋を近江―越前―飛騨と考えたが、現在は岐阜から郡上を経て越前へと考えている。詳しくは「理念編」135頁参照。

そこで注目されるのは、郡上《ぐじょう》安養《あんにょう》寺の、天正九年三月二日付の教如裏書のある親鸞絵伝《しんらんえでん》四幅の存在である。この下付にかかわる文書（『岐阜県史』）が安養寺に残されているので、これによってその経過をうかがうことができる。

安養寺はこの絵伝下付を早くから望んでおり、下間頼純《しもつまらいじゅん》に取次を依頼していた

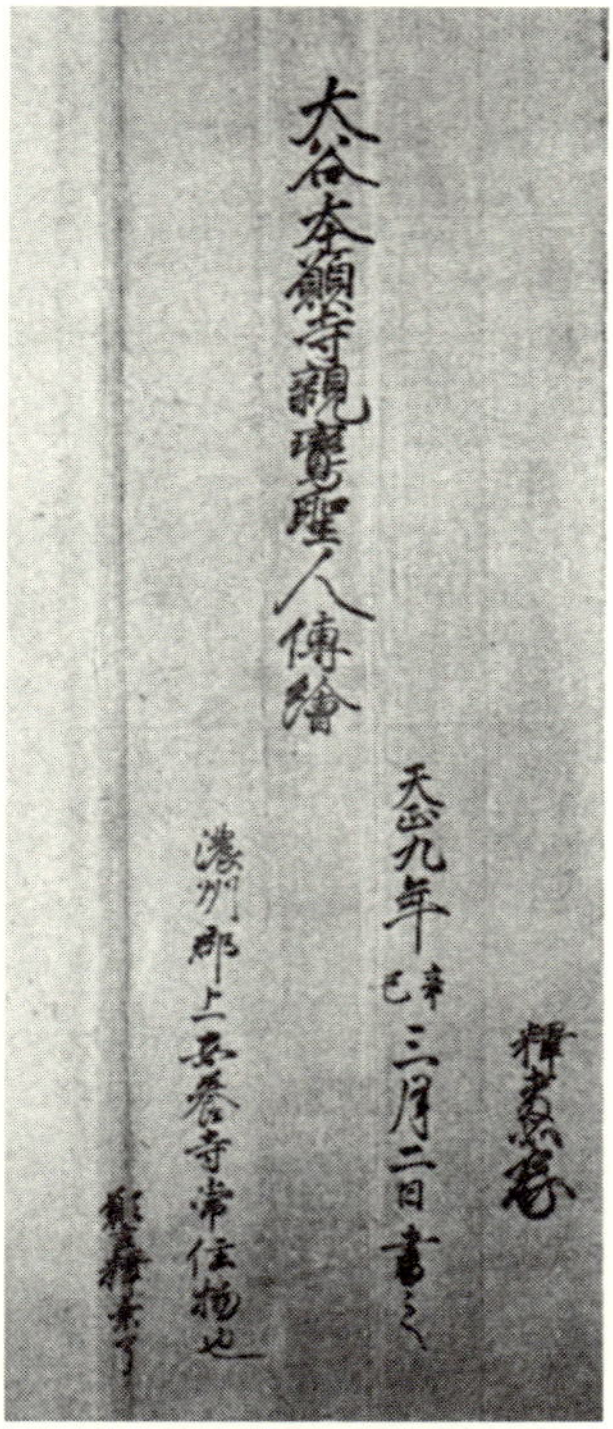

郡上安養寺の教如の裏書（安養寺蔵、『〈宗派別〉日本の仏教・人と教え４浄土真宗』より）

のであるが、なかなかこれが免許にならなかった。そうしたとき安養寺は大坂拘様に同調した。同八年四月四日に教如は拘様を告げて援助を求めているが、八月十六日にも教如は「予に一味同心の衆、毛頭《もうとう》気遣いあるまじく候」と申し送っているように、安養寺は拘様に同調を続けたのであった。しかし七月二十八日の下間頼純書状には、「今に御赦免に成られず」とあるので、安養寺は一方では顕如方へ帰参をも進めていたのであり、頼純はその実をあげるため頼廉と相談のうえで、「御子息が御上り候て、きっと御侘言《わびごと》しかるべく」と忠告している。けれども九年になっても依然として赦免がなく、したがって絵伝下付も無理であると頼純は正月二十七日付で報じているのである。

このような経過があって天正九年三月二日に教如が絵伝を下したのである。このことは教如が飛騨に居たことを直接に証するものではないけれど、安養寺のこのような状況をキャッチしうるところに居たことは確実であろう。そして、本来門主の権限であるところの絵伝下付を行うことによって、かつて拘様に同調した寺々を再び教如につなぎとめることに成功したのである。加えてこの絵伝は、狩野山楽《かのうさんらく》筆とも伝えられるすばらしいできばえのものであることも注目しておかねばならない。

この絵伝は、例えば飛騨で作製されたというようなものではなく、京都で、しかも従来の様式をふまえて作られたものであるから、教如は、本願寺の絵所に絵伝作製を命ずるだけのルートをもっていたことを意味している。したがって、頼龍以下の側近を従えていたことと相まって、教如は「流浪」していたにしても、それは門主としての一定の組織的形態を保持しながら各地を潜伏移動していたことを意味し、また門主としての意識をもっていたことになる。

安養寺の絵伝とともに重要なのは、天正九年（一五八一）に入ると、尾張・三河地方（愛知）に、「本願寺釈教如」と裏書した証如の影像が集中的に下付されていることである。青木馨氏の研究によると、九年中には尾張・三河で十一幅が下されており、また同年十二月二十三日には、教如裏書のものとしてははじめての聖徳太子・七高祖御影が郡上安養寺に下付されている。

青木氏はこれをもって教如「流浪」は再検討の余地があるといわれるが、まさにそのとおりであり、この段階で教如は門主としての教権機構を持っていたといわざるをえない。ここに安養寺や尾張・三河の諸寺が結集していたのであるから、ここに事実上の教如教団が生まれていたといっても過言ではないのである。

いったい何が、このように多くの寺々を教如に結集させたのであろうか。この問題をここで考えねばならないのであるが、それは石山戦争とは何であり、その敗退が何を意味したかを考えることでもある。

ことわっておくと、大坂石山本願寺をめぐる攻防戦を石山合戦といい、その檄《げき》に応じて各地で蜂起《ほうき》した一向一揆と信長軍の合戦とを総称するとき、これを石山戦争というのである。つまり一向一揆・本願寺と、信長に統合された全武士階級の戦いが石山戦争といわれるものである。

＊石山「合戦」と石山「戦争」の規定について、現在では「合戦」とすべきと考えている。詳しくは『大系真宗史料文書記録編12石山合戦』（法藏館、二〇一〇）解説を参照。

六　甲斐・越後をめざす

信長に結集した全武士階級の政権という意味で、信長政権は統一政権と呼ばれるが、その統一政権が目ざしたものは、国郡を単位として領域の農民を直接支配しようとするもので、いわば地域ごとにタテに農民を直接分轄支配し、その支配者が領主として階級的にヨコに結集しようとするものであった。一方、一向一揆は、真宗という宗教的理念を媒介にして、農民・地侍を中核とした一向衆という人的結合によって地域を支配し、そうした各地の一向衆が本願寺を中心として全国的にヨコに結集したものであった。

したがって、石山戦争は、この二つの王国の理念の対決であり、そこにおける統一政権の勝利は、ヨコに結ばれた本願寺王国の紐帯《ちゅうたい》を切断し、各地の一向衆を分断孤立させた。さらには一向衆を構成した農民が統一政権にタテに掌握されることにおいて、解体においこまれていくのである。そのため、一向衆を存立基盤としていた有力寺院はまるはだかで投げ出されることになる。

石山戦争の過程で各地で一向一揆が敗退したとき、このような状況が現出したのであり、大坂に籠城した有力寺院にとって、それは明日の我身の姿であった。あるいは慈敬《じきょう》寺などの籠城有力寺院は、すでにこのようにして在地でまるはだかにされた寺々であったのかも知れない。この状況において、まったく別の寺のあり方を目ざし、あるいはその方途をすでに持っていた勢力が開城派を形成し、あくまで従来のあり方を保持しようとしたのが拘様派であった。

開城後も、まだ各地で一向一揆は蠕動《ぜんどう》していた。教如に結集することにおいて、石山戦争はまだ継続が可能なようにもみえた。統一政権とはいうものの、その勢力はまだ全国を掌握しているわけではなかったから、その勢力の及んでいないところに新しい拠点を求める可能性もあった。教如が近江《おうみ》から北陸、そして飛驒《ひだ》へと、統一政権の支配の目をくぐって居を移していったのは、かかる残存一向一揆や有力寺院を再結集して、統一政権に抵抗する可能性を求めようとしたものであったと考えられる。ここに、新しい途を模索しながらも、その転換に踏み切れない有力寺院が教如に結集してきた理由があった。

とはいえ、これとはまったく逆に、顕如へと結集することで、新しい事態に対応しようとする動向もまた強かった。その中心となったのは、本願寺一門としての権威によって地域教団の組織の上に立っていた寺々である。たとえば越中（富山）の瑞泉《ずいせん》寺・勝興《しょうこう》寺は、ともに蓮如系の一門の寺であって、越中の寺々を二分して預かっていた。瑞泉寺・勝興寺の地位は、このように教団組織の内にあるものであって、それは一向一揆におけるものではなかった。したがって、石山戦争の敗北、一向一揆の解体があっても、本願寺が安泰である以上、その存立はおびやかされることはない。それどころか有力寺院の基盤解体に乗じて、自己の勢力を拡大する好機ですらあった。

事実、こうしたことは、大坂拘様とともに、有力寺院の下寺を本願寺に直属する寺に昇格させる直参《じきさん》召し上げという動向が、顕如方にみられてくることにも示されている。天正八年（一五八〇）五月十四日付の教如書状（退城文書三〇）には、「兼てまた、このたび直参に召さるべきの旨を仰せ出され、あるいは望み申す輩これあるの由候。しかるべからず候。また、門徒を他の坊主に仰せ付けらるべきの由」とあって、有力寺院の配下にあった坊主や門徒を本願寺直参にしようとする、あるいはそれを望む動きがあったこと、それを教如が制止しようとしていることが示されている。

九月二十八日付の教如書状（消息1―54）にも、「諸国門下の輩、近日、直参に召し置かるの旨、あらあら其の沙汰候」とあって、教如退去後、顕如方によって本願寺直属寺院に昇格させる動きがますます激しくなったことを物語っている。これによって、村々の門徒から切りはなされはだかになった有力寺院は、さらに下寺を取り上げられ手足をもがれることになる。ここにも有力寺院が教如へと結集しなければならない理由があった。

直参化を望み、顕如方のこの処置を歓迎したのは、村々に密着していた道場《どうじょう》的な寺々であったであろう。彼らは有力寺院の手足となっていたが、いまや自立の好機がおとずれたのである。こうして石山戦争の終末段階には、一方に本願寺の一門である一家衆《いっけしゅう》と村落寺院というグループ、また一方に有力寺院グループという二つの要素に教団構造が分解し始めていたのである。ここに教如の下向が始まると、弱体化した有力寺院グループは教如に結集し、またその反動として、残る寺々が顕如への結集を強めることによって、事実上、本願寺教団は分裂の様相を呈してきたのである。

＊ここまでの部分を大幅に修正したい。顕如方が下寺の直参召し上げの方策を取ったのは、教如方に有力寺院配下の道場的な村落寺院が多かったことを意味する。それらは「理念編」で考えたように、僧俗一体の地域信仰共同体を形成しており、そのあり方を維持することがより重要であった。従って、「直参化を望み、顕如方のこの処置を歓迎したのは、村々に密着していた道場的な寺々であった」とは必ずしも言いえず、むしろ逆であり、従ってまた「一家衆と村落寺院グループ」が顕如方を形成したとも言いえない。

教如は、かかる動向を見定めたとき、「流浪」をやめて新しい本拠地を定める必要を感じたであろう。それには統一政権の勢力下の地は好ましくない。そのとき目に入ったのが甲斐の武田氏であり、越後（新潟）の上杉氏であった。天正九年（一五八一）いっぱいを中部山岳地帯にすごした教如は、翌十年に入ると動き出す。

この年のものと推定される二月二十日付の宛所を欠く教如書状（消息1—64）には、「無事に山の中まで退き候。心安かるべく候。甲州へ心がけ候えば、にわかに路次合期《がっき》せざる故、か様の始末」とあって、甲斐へ向かったが通路に不都合があってはたせなかったことを述べている。天正十年二月は、信長軍が甲斐へ侵攻を開始した時であるから、これに追われるよ

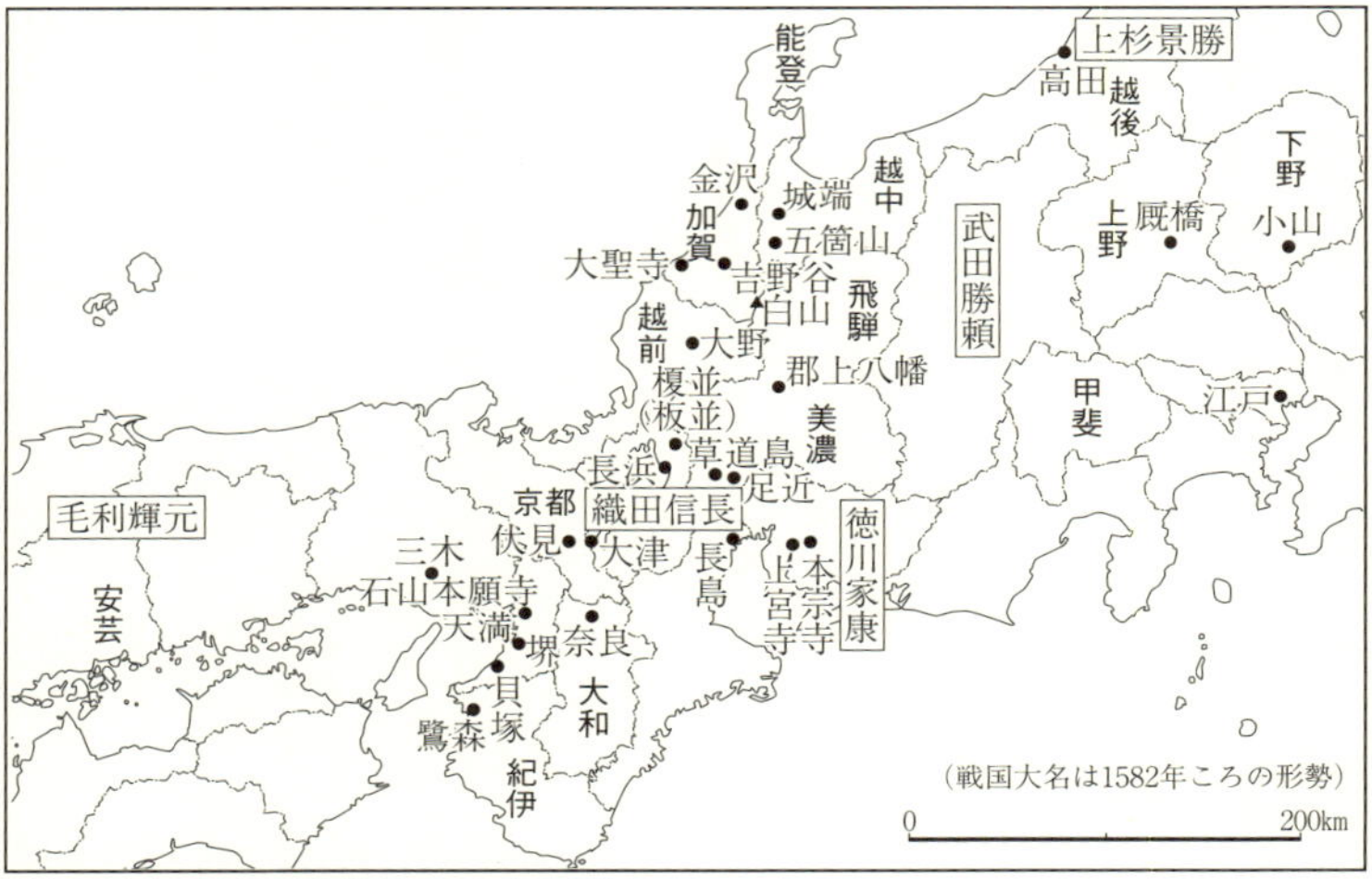

教如ゆかりの地における戦国大名の形勢

うに甲斐をめざしつつも、先をこされて失敗に終わったということであろう。この後三月十一日、武田勝頼《かつより》が自刃《じじん》し、武田氏は滅亡した。

そこで教如は方向を転じ、五箇山《ごかやま》から越中へ入ったと思われる。越中善徳《ぜんとく》寺の由緒書によると、「天正十年三月下旬、信浄院《しんじょういん》教如上人之事、按察法橋《あぜちほっきょう》・富井《とみい》佐渡守《さどのかみ》・豊前浄喜寺《ぶぜんじょうきじ》等を召させられ、当寺え御潜入、十有余日御滞在」とある。当時の善徳寺は空勝の代であるが、彼は無二の教如方であり、石山合戦にも参加したと伝え、現に空勝の軍扇なるものを伝えている。

このころ、越中一向一揆の残存勢力は、上杉景勝《かげかつ》と結んで抵抗を続けていたのであり、その景勝の四月八日付書状では、「しかれば門跡《もんぜき》、五箇山あたりに至りて御下向の由」(善徳寺文書)と記している。あるいはまた、教如は加賀白山の北麓吉野谷《よしのだに》に来ったともいう。この地の願慶《がんきょう》寺にこの伝承がある。このころ、この地は、加賀の中心部が制圧された後も、なお鈴木出羽守《でわのかみ》を将とする山内《やまうち》一揆として抵抗をつづけ、この地域を確保していた。九年十一月には鈴木出羽守が誘殺されたものの、十年三月に大虐殺をうけるまで頑張っていたのである。吉野谷への下向があったとすれば、この時点以前においてであったろう。

十年春はこうして織田軍の山内一揆制圧に始まり、越中一揆にも危機がせまっていた。そこで教如は越後をめざすことになる。高田の『本誓寺《ほんせいじ》由緒《ゆいしょ》通鑑《がん》』に収める教如の十月二十二日付の書状によると、上杉景勝からの再度にわたる要請をうけてのことであった。「それ以前、すでに発足候といえども、路次たやすからず、途中にたたずみ候のところ、天下に不慮出来《しゅったい》」とあるように、越後を目ざす途中、六月二日の本能寺の変を知ったというのである。結局、教如の越後への下向は実現されなかった。しかし、もう少し早く越後入りしていたならば、教如は何をしたのであろうか。あるいはここに本願寺を別立していたかも知れないのである。

教如はこの後、鷺森へ帰る。「今度の始末、いたずら者の申し成しに同心せしむること、後悔千万《こうかいせんばん》〱。今より後は、湯にも水にも、御所様へ御詫《おわび》次第たるべく、北の御方様(如春尼）の儀も同前、毛頭私曲《もうとうしきょく》表裏《ひょうり》これあるべからず」と教如は詫状《わびじょう》を呈した（本願寺文書）。たしかに信長の死を契機にして義絶は解かれたのである。けれども、いままで述べてきたところからみると、この和解はいささか不自然である。教如は許されても、その同調者の多くは勘気《かんき》を解かれていない。拘様から「流浪」にかけて教如はさかんに書状を発したなかで、和解が成ったときには同調者を見放すことはしないと強調していたのであるから、教如一人許されることは裏切りにあたる。同調者の赦免《しゃめん》を教如がどこまで運動したのかは定かではない。

教如はなぜ和解したのだろうか。彼はすでに教如教団ともいうべき勢力を抱えていたのであるから、その力を背景に別の行動をとることもできたかに思われる、しかし、それはこの段階における教如教団をいささか過大に評価しすぎることになろう。その同調者にしても、この段階で教団を割るだけの確固たるものがあったかどうかも問題である。加えて、信長の死によって天下は再び流動的となった。この時にあたっては、分裂よりも統合（あるいは連合というべきか）の方がより大きな力となりうる。教如自身としては、こうした状況を背景に、いまは和解し、統合された力でもって対処すべしと考えたのかも知れない。

七　一年間の門主継職

天正二十年（文禄元、一五九二）十一月二十四日、顕如は京都堀川の本願寺で寂した。翌日の葬儀の後、還骨勤行《かんこつごんぎょう》において、教如ははじめて、それまで顕如が座っていたところに着座した。まもなく母の如春《にょしゅんに》尼と弟准如《じゅんにょ》は、教如と入れかわって裏へ移った。こうして教如は本願寺門主となった。

そして最初になしたのは、前にも記したように、下間頼龍《しもつまらいりゅう》を召し出して奏者に加え、あわせて仲之《ちゅうし》を折檻《せっかん》し閉門に処したことであった。このとき、教行《きょうぎょう》寺と慈敬《じきょう》寺が仲之のために詫言《わびごと》をしたというから、彼らもまたいち早く、門主となった教如の下に召し出されていたのであろう。拘様《かかえざま》から「流浪」を共にした同志が、いまや教権の中枢に返り咲いたのである。和解から数えても十年目のことで、その間、本願寺は和泉《いずみ》貝塚、大坂天満と移り、前年の十一月、京都堀川の地に居を定めたところであった。

この十年間の教如は、拘様、「流浪」の激しい動きがうそのように、表立った活動をなしていない。「流浪」中にあれほど活発に行った御影の下付も、天正十一年（一五八三）五月十三日付で尾張専養坊《おわりせんようぼう》に証如像を下したのが知られるだけである。これとても「本願寺釈《しゃく》教如」と署名していて、いわば「流浪」期の名残りとみてよいものであろう。いや、このほかにもう一点、天正十七年（一五八九）六月十三日の裏書で、三河上宮寺《じょうぐうじ》に下付した妙秀《みょうしゅう》・妙祐《みょうゆう》影像がある。そしてこれは意外に重要な意味を背後に秘めているのである。

三河の本願寺教団は、過ぐる永禄六年（一五六三）の一向一揆によって、徳川家康から禁教処分をうけ、三河三カ寺（上宮寺・勝鬘《しょうまん》寺・本証《ほんしょう》寺）ら有力寺院は追放されたのである。しかしながら、その末寺・道場群は依然として三河に存在したようで、こうした状況で迎えた大坂拘様には、これに同調する寺が多かった。在地を追われた有力寺院は、これによって失地回復をめざしたのであり、前述のように教如から集中的に御影の下付をうけることで、その教団組織を保持したのである。その後、天正十一年末に家康が追放寺院の帰住を認めたことによって、三河の教団体制は、石山戦争を間にはさみながら、大きく変化することがなかった。

天正十五年（一五八七）夏、教如はこの三河へ下向した。禁教解除後の家康との関係調整を目的としたものであるといわれる。この時、家康への礼金をめぐって一家衆《いっけしゅう》本宗寺と三カ寺が対立していたので、教如はこれを理由に、本宗寺ではなく上宮寺へ下向した。これによって、かつての教如と三河教団の結合は再治されることになった。そしてまた、教如は家康の知遇をえたのである。上宮寺への影像下付はこうした背景においてなされたものである。今にいたるまで三河は東本願寺の金城湯池であるが、東本願寺分立の時にもこの地は教如方の有力基盤となったのであり、その意味で、この三河下向は重要である。新門《しんもん》と呼ばれながらも、教如はむしろ部屋住《へやずみ》として逼塞していた感が強いが、それでも右のように着々と来るべき日に備えて布石を打っていたように思われる。

それに加えて秀吉との交流である。表立ったところでは、天正十三年（一五八五）八月に秀吉が越中《えっちゅう》の佐々成政《さっさなりまさ》攻撃に出陣したとき、『貝塚御座所日記《かいづかござしょにっき》』の記述によれば、「北国の御陣御見廻として、にわかに御下向」というように、突然に北陸へ下ったのである。そして加賀大聖寺《だいしょうじ》で秀吉に会見している。その後を追うように、下間頼廉《しもつまらいれん》が見舞に出発しているから、教如下向は顕如の命ではなく独断の行動であったらしい。

しかし顕如にとっては突然の事であったにしても、すでにこの前の六月二十七日に教如は大坂城へ出かけ、秀吉と千利休《せんのりきゅう》の三人で茶湯を行っていることが知られるから、教如にとっては予定の行動であったのであろう。秀吉帰陣後は、今度は顕如らとともに大坂城へ出向き、また茶会に加わった。折から天満へ本願寺が移る時であり、それと関係の深い行動であろう。

秀吉を介して教如は利休に出会った。その後も天正十八年（一五九〇）には利休と四回の茶会をもったことが知られる。さらには天正十九年一月四日の夜会は、その翌日に本願寺の京都移転の地が秀吉によって示されたこともあって重要である。これが利休と教如の最後の茶会となった。その翌月二十八日、利休は自刃《じじん》しているのである。

利休によって秀吉政権と結びついた教如は、逆に利休の死によって立場を悪くした。このころ、秀吉政権の内にあっては、秀吉の弟、大和《やまと》大納言《だいなごん》秀長《ひでなが》と千利休を代表とする、東国大々名と宥和《ゆうわ》的関係を維持しようとする勢力が、徳川・伊達《だて》などと結んで形成されていた。一方には、石田《いしだ》三成《みつなり》を中心とする勢力が、これら大々名を打倒し、秀吉政権を名実ともに中央集権的な権力たらしめようとしており、両派がしのぎをけずっていたのである。

その時、天正十九年（一五九一）正月、秀長が病没して勢力のバランスはくずれ、利休は政権内で孤立し、ついには自刃においつめられるのである。利休と親しかった教如の立場は、一転して悪くなった。それから間もなく、教如が門主になったのである。

はたせるかな、それから一年もたたない文禄二年（一五九三）閏《うるう》九月、秀吉は大坂城へ教如を召換し、十一カ条の非を示して、十年後に門主を弟准如に譲ることを命じたのである。その十一カ条は、かつての大坂拘《かかえ》様《ざま》にかかわること、折檻されていた家臣を召し出したこと、および女性問題から成っており、准如への譲職は顕如の譲状《ゆずりじょう》があるという理由が示されたのである。

　このうち、女性問題は、『宇野《うの》新蔵覚書《しんぞうおぼえがき》』によると、教行寺・慈敬寺・頼龍ら教如の腹心ともいうべき人びとすら眉をひそめたようで、彼らが連判して、正妻の久我通堅《こがみちかた》の息女東《ひがし》之督《のかみ》（朝倉義景《あさくらよしかげ》の娘は拘様のときに離別されている）をさしおいてひそかにおふく（教寿院）なる女性を寵愛《ちょうあい》したことを諫言《かんげん》したことがあったほどである。『言経卿記《ときつねきょうき》』にも「本願寺婬乱《いんらん》」によって秀吉に召し出された、と記されているように、このことは広く世間のうわさになったようである。

　教行寺らが心配したのはそれだけではない。このことが母如春尼の怒りをかい、それを口実に如春尼が何事かをたくらむことを気にしてのことであった。そのたくらみとは、末子准如に門主を継がせることを指している。これが譲状の問題であって、有馬《ありま》温泉で湯治中の秀吉をたずねた如春尼が、顕如の准如への譲状を示して継職を頼むことがあったとも伝えられている。本願寺歴代は、先代の譲状によって継職するのであるが、たしかに教如への譲状は伝えられていない。そして准如への譲状は現存するが、古来、偽作説のあるところである。これらの問題については、いまは立ち入らないことにする。

　ともあれ秀吉の詰問をうけたとき、教如に従っていた頼廉《らいれん》が譲状の問題などについて、さまざまに抗弁したことがかえって秀吉の怒りを誘い、十年後譲職は撤回されてただちに退隠を命ぜられた。十月十三日には関白秀次《かんぱくひでつぐ》、十六日には太閤《たいこう》秀吉が命を発して准如継職が定まった。かくて教如は一年に満たずして門主の座を去る。教如の生涯を通じて、正式に門主であったのはこの期間だけだった。

八　関ヶ原の役と東本願寺の分立

大阪の大谷派難波《なんば》別院（南御堂）に伝わる梵鐘《ぼんしょう》に、「大谷本願寺　文禄丙申五暦林鐘《りんしょう》下旬第四日」という銘が刻まれている。難波別院は教如の開創にかかるもので、石山旧縁の地である渡辺《わたなべ》に開かれたという。この鐘に教如は「大谷本願寺」と刻んだのであり、文禄五年（一五九六）といえば退隠後三年目にあたるが、教如は依然として本願寺門主の意識をもっており、石山本願寺ゆかりの地に一寺を開くことでそれを内外に示そうとしたのである。

退隠後、教如は裏方と呼ばれ、本願寺内の一角に居していたが、いつのころか定かではないが、ここに別の御堂を建立していたようである。柏原祐泉氏によれば、ここには絵所もあったとされ、ここで作成された影像が、「本願寺釈《しゃく》教如」の裏書を附して、次々に下付された。とくにその内で教如の寿像《じゅぞう》の多いことが注目され、寿像が、元来、教法の伝持とともに許されるものであることから、ここにも教如の門主意識がうかがえると柏原氏は述べておられる。

加えて、慶長四年（一五九九）には『正信偈和讃《しょうしんげわさん》』四帖《じょう》を証判を附して開板している。文明五年（一四七三）の蓮如開板本を覆刻したもので、これまた門主としての教如の活動を示すものであろう。このように教如は、秀吉によって退隠せしめられても、そのことをまったく意に介しないかのように、門主としての活動を続けたのであった。

その背後には、これを支持した門末があった。以下、柏原氏の研究によってみていくが、まず近江では、慶長元年（一五九六）に江北教団が十四日講を結成して教如の消息を受け、長浜にその会所《えしょ》（総坊）を営んだ。現在の長浜別院である。また、同じく江北の下寄組《しもよりぐみ》十二カ寺は、慶長六年に教如より顕如絵像を下され、湯次方《ゆすぎほう》二十一カ寺なども同年に教如寿像を下付されている。高島《たかしま》郡舟木《ふなき》に転じた慈敬寺は慶長三年ごろには教如派の旗色をさらに鮮明にして湖西教団を統括した。

一方、三河では、慶長二年三カ寺教団があげて教如方につくことを盟約し、准如方の本宗寺へ参る者の葬儀をとりおこなわないことを誓約している。このほか各地で教如教団の形成が進められているが、いまは略しておこう。

慶長五年（一六〇〇）、関ケ原の戦いの前後は、教如にとっても一大転期であった。史実としては問題の点もあるが『神田徳本寺由緒秘録《かんだとくほんじゆいしょひろく》』という書が、このころの教如の動きを詳述している。この書は、家康の重臣本多佐渡守正信《ほんださどのかみまさのぶ》の寺である徳本寺の由緒書であるが、その住持円乗と本多正信が教如を援助した由緒を述べようとしたものである。

それによればこの年の六月、石田三成らの陰謀の風聞を耳にした教如は、近侍の臣粟津元《あわづもと》辰《たつ》をしてその実否をさぐらしめ、ついで七月十三日に京都を発して家康へ注進のため江戸へ向かう。途中、三成の居城佐和山《さわやま》へ使者を派して、上杉攻撃に出陣する家康の見舞いのため下向するとつげたので、三成は大いに驚き、これを制止しようとするが、振り切って通過した。江戸から下野《しもつけ》（栃木）小山《おやま》の家康の陣をたずねた教如は、ただちに帰途につき、三河では三カ寺をはじめとする門末に手厚く迎えられた。

しかしこれからが問題であった。すでに石田方は尾張と美濃の国境に関をおき、往来人を改めている。そこで教如は岐阜城の織田信秀《のぶひで》の斡旋《あっせん》によって通行しようとしたが、三成はこれを聞き入れない。やむなく信秀は、自分の行列を仕立て、これに教如を包みかくして押し通り、教如は八月二十九日に無事に帰洛《きらく》することができた、というのである。

ところがこれには異説がある。『教如上人遭難顚末《そうなんてんまつ》』なる一書がある。この書はその緒言に、「教如上人、関東より御帰洛の途中、石田三成、これを要撃《ようげき》せんとするに当り、上人が西方寺、土手《どろて》組《くみ》（森部村光顕寺）専勝《せんしょう》寺、西円寺、糟川谷《かすかわだに》等の数ケ所に休泊潜伏し、其信徒等献身的の守護に藉《よ》り、危難を免れたまいし」という事蹟を顕彰するために著わされたものである。これによれば、八月下旬、美《み》濃《の》羽島《はしま》郡足近《あぢか》の西方寺に入った教如は、寺僧から三成方の伏兵が墨俣《すのまた》川の渡しに待ちかまえていることを知らされ、迂廻《うかい》して森部《もりべ》の光顕《こうけん》寺に入った。しかるに急迫してきた三成方の兵に襲われ、須弥壇《しゅみだん》の下にかくれて難をのがれようとした。この時、急を聞いた近隣の信徒がはせつけ、農具を打ち振って撃退し、教如は危機を脱した。そこで村々の僧俗は協議し、八十二名を選抜して京都まで守護にあたることになった。ここから大垣《おおがき》の北方の草道島《そうどうしま》西円寺に到ったとき、その住持賢秀《けんしゅう》が教如に酷似していたので、彼が教如になりかわり中仙道《なかせんどう》を関ヶ原に進み、三成はこれを真の教如と思って捕えて殺した。このとき奮戦して十九名が討ち死にした。その間に教如は粕川谷《かすがわだに》から伊吹《いぶき》山の北をぬけて近江板並をへて帰洛した。その後、教如はこの功を賞し、これらの村々は以来、土手組と称して直参門徒に取り立てることを告げ、寿像などを下したという。

こうした教如の冒険談は、関東下向、小山での家康との会見などが、東本願寺の記録である『御《み》堂日記《どうにっき》』や『粟津《あわづ》日記《にっき》』などにも記され、帰洛の困難については、『宇野新蔵覚書』

に「上りの時、石田治部《じぶ》少将《しょうしょう》（輔《ゆう》）、色々のぼすまじきとつかまつり候」とあること、さらには土手組宛に「其方共のお陰によって、九死に一生の難をのがれ」と書かれた教如礼状（消息3―5）があることなどから、相応の事実があったと考えられる。

ともあれ、戦後の九月二十日、教如は大津城に家康を出迎えた。翌六年の七月八日には家康が二度にわたって教如をたずね、教如も伏見城へ出向いている。

かくして七年（一六〇二）二月、家康は東六条の地四町四方を教如に与えた（ただし、このことを証する寄進状は伝えられていない）。教如はここへ、堀川本願寺で住していた御堂を移した。そして翌八年、親鸞木像を上野《こうずけ》（群馬）厩橋《うまやばし》の妙安《みょうあん》寺より迎えて、ここに東本願寺が分立するのである。

この過程で本多正信の献言があったと『宇野新蔵覚書』は記している。すなわち正信は、本願寺は秀吉の時代に「二本になられ」たのだから、「右の通りに成られ候てしかるべし」であり、そのうえ、「かつて三河の一向一揆でたいへんな目にあったこともありましたね」と家康に謎をかけたことによって、寺地の寄進があったのだという。先にあげた『神田徳本寺由緒秘録』もほぼ同様なニュアンスであるが、これでは、家康が教如に本願寺再住をすすめたのに対して、正信はそれよりも「嫡家《ちゃくけ》御《お》取立《とりたて》」が教如の本意にかなうと進言したことになっている。つまり、教如は本願寺の嫡流《ちゃくりゅう》だから、別に一家を取り立てるべきだ、といったというのである。

いずれにせよ、家康と正信のはからいによって東本願寺の分立が可能になったことは事実である。このことをもって家康取り立ての寺ということもできよう。しかしそれは、『宇野新蔵覚書』に記すように、すでに本願寺は二本になって分裂しているのだ、という認識が前提となっているのであるから、家康の取り立てとは、教団の分裂という事実を追認し、その形式をととのえたことを意味するものである。

なお断っておくべきは、この慶長七~八年における東本願寺の分立は、世間一般にも公式にも認められていない。その後の教如および東本願寺に対する呼称は、「真浄院本願寺」(『言経卿記』)、「ほんくわん寺いんきよ(本願寺隠居)」、「しんしやうゐん(信浄院)」(『御湯殿の上の日記』)、「七条本願寺」(『慶長日件録』)などで教如の院号、信浄院《しんじょういん》にちなんだ呼び方がなされている。時には「信門」と略されることもあった。これに対して准如を指す場合は、「本願寺」「七条門跡《もんぜき》」「本門」などと記されている。

このように慶長期を通じて、ということは教如の生存中は、ついに東本願寺は独立した一派の本寺としては認められなかったのである。その没後においても、『駿府記《すんぷき》』が元和元年(一六一五)八月条に「信乗院門跡」と記し、元和二年三月四日の『本光国師日記《ほんこうこくしにっき》』も「信門跡」と記して、ようやく門跡扱いとなり、さらに元和七年ころから「七条東門跡」(『時慶卿記』）の呼称があらわれてくるのである。

教如をあらしめたもの

ふりかえって教如の生涯をながめると、三たび門主を称しながら、おおやけに門主の座にあったのは一年に満たない。大坂退去をめぐる対立のうちに、突然登場し、擁立されて門主を自称し、拘様《かかえざま》を遂行し、「流浪」したときが第一回目。その後十年間の逼塞《ひっそく》の後、父の死によってはじめて門主の座にすわったのが第二回目。この一年たらずのみが公式の門主であった。退隠を命ぜられてもなお門主意識を持ちつづけ、生涯これを捨てなかったが、教如の寺が一派本山と認められるのはその没後のことであった。

教如をして、かくも執拗《しつよう》に門主にこだわらせたのは、いったい何だったのだろうか。思うに、人は青年期に懐いた何かを、生涯かかって追っていくものではなかろうか。

とすれば、教如における それは、大坂石山の地に流された幾万の門末の血を見つめつづけた青年期に、教如の内に、抜きがたいものとして形づくられていったものであろう。信長との和議が成った二日後に、突然に拘様を宣言したのは、前述した閏《うるう》三月二十八日の書状にみえる「国々の門徒衆のかせぎ、千万《せんまん》の身命《しんめい》を捨て果たし」たことをむなしくさせまいとする思いが、もはや制止しがたいまでに噴きあがってきたことによるものではなかったか。いまさら何だ！　と教如は叫ぶ。それくらいならはじめから戦わねばよかったのだと。

国々の門徒衆が千万の身命を捨て果たして守ろうとしたものは何か。いうまでもなく「開山聖人の御座所」であるが、それは「御座所」という場であるよりも、開山聖人そのものとしての祖像であった。拘様のうちで教如はそのことをいやというほど思い知らされた。祖像を奉持しえなかった拘様は、もはや門徒衆の結集をはたしえなかった。「流浪」のうちに門主を称してみても、祖像を奉持しえない身では実質をともなわないことも教如は知った。和解はかくて必然となり、祖像奉持の日までの隠忍の始まりとなった。

念願の祖像奉持をはたした一年たらずの日々、教如ははじめて千万の門徒衆の身命に報ずることができた満足感をあじわったのであろう。しかるに、退隠を命ぜられると、いともあっさり門主の座をなげうってしまった。かつての、祖像を奉持しえなかった拘様の失敗が頭をよぎったのであろうが、それは祖像奉持を放棄したことではなかった。だから教如は依然として祖像の居ます本願寺の一角に居を占めつづけた。

そして、新しい寺地を手に入れるや否や、間髪を入れずに別の祖像をここに迎える。この、上野妙安寺にあった祖像は、親鸞がかつて関東・稲田草庵に住していた時、妙安寺の祖 成《じょう》然《ねん》に与えた自刻の木像といわれるものである。堀川本願寺の祖像は、前述の大坂退去の時に焼かれた毫摂《ごうしょう》寺寄進の木像と対をなす覚如《かくにょ》制作のものであるから、これを上回る権威ある祖像と教如は考えたのであろう。ここに教如は、祖師親鸞に直結した法脈伝授者と自己を位置づけることができたのである。

　石山に流された千万の門徒衆の血に報いることができたのであり、加えて自分に同調した門末を再結集することが可能になった。さすれば、世間が門主と認めるかどうかは問題外のことであった。「信浄院」で充分である。教如と家康の関係からすれば、また家康が本願寺を二分する策をもっていたのであれば、教如を東門跡《もんぜき》として認めさせることはさほど困難なことではなかったはずである。

　ある時、かつては明智光秀に仕え、いまは乞食《こじき》になった浄念という者が、教如の剃刀《かみそり》を望んだことがあった。門跡たる者が自ら乞食に剃刀を与えるなどもっての外と制止した人びとにたいして教如は、「本願寺親鸞聖人の申し残され候通《とおり》には、『非《ひ》僧非《そうひ》俗《ぞく》、我ら遠行《えんぎょう》の後、死骸をば加茂川に入れ、魚に与うべし』とある上は、本願寺の家は慈悲を以って本《ほん》とす。この者は連々《れんれん》御《お》剃刀《かみそり》を望み申し上げ候、くるしかるまじき」と述べたという（『宇野新蔵覚書』）。教如が引用したただ一カ所の親鸞の言葉である。それだけに、教如の、親鸞直結の門主意識を示すものとも考えられるのではなかろうか。

理念編

東本願寺を生み出したもの

（妙安寺蔵・群馬県立歴史博物館写真提供）

一　理念なき本願寺別立論

宗主・正嫡意識

教如を論ずること、それはいったい何を論ずることなのか。序章では、同時代に戦国の世を生きた信長・秀吉・家康という三人の天下人にとって、教如が鳴かぬホトトギスであったのなら、その鳴き声はどのようなものだったのかと問いかけ、念仏とともに生きることで、生きる意味が紡み出され続ける場（トポス）を守り抜こうとして、歴史への反逆者となったのが教如だと、結論を先取りし、その現代的意味を考えてみた。教如という生き方が東本願寺を別に開くことに帰結したのであるから、教如をしてそのようにせしめた理念、それが如何なるものであったかを、具体的に明らかにすることが本編の目指すところである。理念なき本願寺別立論は克服されねばならない。

教如が確固たる理念に基づいて本願寺を別立したなどということは、これまで考えられたこともなかった。徳川家康取立論でことは済んでいたのである。しかしそれでは落ち着かないものが残る。そのような状態で教如や本願寺別立が扱われる状況が続いてきた。最初にその状況を概観しておきたい。

『日本仏教史』全十巻の大著がある東大教授、辻善之助氏の研究が出発点となる。その第七巻では百頁以上を費やして「東西本願寺の分立」が論じられている。その内で、東本願寺が家康の策略によって作られたという説を検討して史料的に証明できないと否定し、その一方で、教如が隠居した寺が自然に一派の本山になったという説を唱えた。

教如の生存中には、烏丸《からすま》本願寺は未だ一派を成さず、猶隠居の身分であったのである。然《しか》るに其隠居の家はいつしか分離して一家を成し、遂に烏丸本願寺は一派を成すに至ったのである。（中略）新たに寺地を賜はり、一寺を建てたけれども、それは猶一派独立ではなくして、隠居の資格であったのである。（中略）之を家康の政策に出たといふのも、その根拠甚だ薄弱なりといはねばならぬ。（二七六頁）

家康が政策的に分立させたという説を否定する一方、教如に積極的な本願寺別立の意思を認めず、隠居寺が自然に一派になったのだというのだから、本願寺別立に理念などは問題にもならない。

歴史学専門からの辻説は教団人には納得し難かった。そこで真宗大谷派の僧侶養成の教科書である『教団のあゆみ』では、教如が隠居後も宗主的活動をなしていたという点に注目する。

　教如は従来どおりの活動を継続し、地方末寺との接触も怠らず、本来は宗主やその代行者が行う末寺への本尊・絵像の裏書下付《かふ》や聖教下付証判を続けた。（中略）事実上教如教団を形成し、隠居意識をもつよりも宗主権を主張する活動を行っていたといえよう。（中略）その後、教如は徳川家康に再三面謁し、密接な関係をもつようになった。その結果、慶長七年（一六〇二）教如は、家康より七条烏丸に四町四方の寺地を寄進され、翌年厩橋《うまやばし》（前橋）妙安《みょうあん》寺の祖像を奉じて本願寺を興した。（六一頁）

たしかに教如は、隠居後も門主の権限である本尊や宗祖の御影《ごえい》などを下付する活動を続け、それに「大谷本願寺釈教如」と裏書した。退隠させられたのだから前宗主であるのに、それにもかかわらず本願寺宗主を意味する「大谷本願寺釈教如」と裏書するのは、依然として本願寺宗主であるとの宣言であり、宗主としての意識をもち、活動したことになる。退隠させた権力への反逆であり、本願寺宗主への反逆であった。この教科書では、もとより反逆などとは書かれていないが、教如は「宗主権」を主張したと解し、その意識に基づいて本願寺を別立したというのである。しかしそれなら、反逆と呼ばれることを承知の上で、宗主として裏書してまで宗主権にこだわったのはなぜか、これを明確にしなければならない。
この宗主権説は、大谷大学で日本仏教史を講じた藤島達朗教授『本廟《ほんびょう》物語』での教如論が前提にあるようだ。十余年の隠居生活における「教如上人の心底はいかがであったろうか」と教如の心情を問題にして、教如は本願寺の正当な嫡子《ちゃくし》である、相続者であるという意識を見出した。

根本において「大谷本願寺釈教如」の自覚、正しく本願寺の正嫡であるとする心である。東本願寺に伝えられる『親鸞伝絵』、それは「康永本《こうえいぼん》」と称せられる。覚如《かくにょ》上人真蹟の、本願寺にとり最貴の宝物として存在したが、教如上人はこれを正嫡の証として持ち出されたと伝える。（中略）そのことによって伝えられる教如上人の信念そのものは、あるいはそうもあろうかと、うなずけるのである。（九七頁）

各種下付物に付された「大谷本願寺釈教如」という裏書、さらには宗祖親鸞絵伝の決定版である康永本を本願寺から持ち出したことが教如の「正嫡」意識を示しており、それが本願寺別立の根拠であったという。教団の教科書は、この藤島説を根底にして、それを宗主権の主張、自覚としたように思われる。

仏法末代再興論

その後に、真宗大谷派教学研究所は『教如上人と東本願寺創立――本願寺の東西分派』を刊行した。退隠後の教如の、

門主的活動は、その自覚と責任をもって行われており、自らを中心として求心的に結集する末寺・門徒が形成されていたことを背景として、隠退を命ぜられた直後より本願寺を別立する強い意志を教如がもっていた（五五頁）

教如は教団が内包する人間関係を引き受けつつ、「聖人一流」の教えを相続し伝持する教団を願い、根本道場《どうじょう》である本廟・本願寺を護持することを生涯の課題とした（七六頁）

というように、教如が門主としての自覚を持ち、その責任において本願寺を別立したのは、末寺門徒の教如支持を背景に、親鸞の教えを相続する根本道場として本願寺護持を願ってのことであると、一歩踏み込んでいる。本願寺を別に開くなら、それは親鸞の教えを伝持する根本道場でなければならないと。しかしそれなら、弟の准如《じゅんにょ》が継いだ堀川《ほりかわ》の本願寺が、親鸞の教えを正しく相続していないということが前提にならねばならない。そして教如には、それを克服する理念がなければならない。別に本願寺を開いてでも明らかにしなければならな

い「聖人一流」の教えとは、どのような意味で言われているのかが問題である。

藤島教授を継承した大谷大学教授名畑崇氏は、『教如上人』という講演録で、教如が慶長四年（一五九九）に刊行した『正信偈《しょうしんげ》三帖《さんじょう》和讃《わさん》』の刊記に「蓮如上人為末代興隆板木雖被開之」（蓮如上人、末代興隆の為に、板木を開かれると謂えども）とあることを取り上げ、

> 教如上人が蓮如上人にならい『正信偈三帖和讃』を刊行し、蓮如上人の仏法「末代興隆」の意思を継ぐことを末寺門徒に表明したものといえる。（中略）教如上人は自らの立場と決意を「末代興隆」の四字にきざみ家康に託した。（一九〜二〇頁）

というのは、教如は蓮如を継承して末代の仏法興隆を目指して本願寺を別に開いたという考えである。しかしこれだけでは親鸞の『正信偈三帖和讃』開版が、末代の仏法興隆となるようにとの願いが示されるだけで、それがなぜ本願寺を別に開いてまでなさねばならないのかが明らかにされていない。

藤島教授は著者の恩師であり、名畑教授は同門の先輩である。その影響下に、筆者もまた教如を論じて（本書「伝記編」）宗主意識を問題にしたが、本願寺別立理念という問題に眼が向いておらず、不十分なままに終わっていた。本論はそこからの再出発の試みでもある。

法中の望み、信教自由論

こうして、理念が不明なままで本願寺の別立が論じられてきたことに一石を投じたのが太田浩史氏で、その講演記録「教如上人と大谷派樹立の精神」が世に問われた。

一般的にどのように認識されてきたでしょうか。（中略）家康の庇護《ひご》の下に東本願寺を建ててもらって、そのおかげで別の宗門が成立した。しかも、本家（西本願寺）から門徒さんを奪ってと。

このように時の権力者に頼って何となく出来上がったものが「大谷派なる」宗門だと考えてしまいますと、そこに何らかの宗教的精神があると言えるのでしょうか。

（一八六～七頁）

一般的な家康庇護開創説では大谷派は宗教的精神なき宗門になってしまうと歎き、それを突破すべく、『大谷嫡流《ちゃくりゅう》実記』という江戸時代に作られた本願寺系譜に見える教如の項の記述を問題にした。家康が准如を隠退させて再び教如に本願寺を継がせようという意向を示したとき、それを辞退して教如が、

法中《ほっちゅう》の望、ただ祖師の宗意をあまねく化導するにあり

と述べたとある。太田氏はここでの「法中の望」に着目し、その「法中」は「法中の凡夫《ぼんぷ》」

のことであり、凡夫ではあるがただの凡夫ではなく、教えの中にある凡夫で、その意味で非僧非俗であり御同朋《おんどうぼう》御同行《おんどうぎょう》である、僧伽である、と解して、その法中の望みである祖師の宗意を広めること、それが自分の望みでもあると、教如が述べたのだと解した。しかしこれでも教如の願いが、門徒衆と共に親鸞の教えを広めることにある、といっているだけで、教如の理念が何かは語られていない。

そして次に、教如が本願寺復帰を辞退したことに対して、家康が述べた言葉に注目する。

然らば諸国の末寺門徒等勝手次第嫡流前住教如上人へ帰参あるべし　領主・地頭たりとも異儀あるべからず旨国々へ触示し給ふ。

この「勝手次第」に「教如上人へ帰参あるべし」という家康の言葉を、

自由に「帰参《きさん》」、つまり教如上人の門徒になってよろしい
権力者がこれを妨げてはならないと触れたと説明し、
今の言葉で言えば「信教の自由」です　（一九三頁）

家康はこれを保証したのだと太田氏は解釈した。教如への帰参の保証、権力者の不干渉というのは正しいのだが、それを「信教の自由」保証というから、おかしくなる。

東本願寺創立家康策略論という一般通念を否定しようとしたことは評価しなければならないが、それなら教如は何を願ったのかということになると、法中の望みとしての「祖師の宗

意」を広めることだというのでは、何ほどのことも言っていないに等しいし、ここでの家康の意向を「信教の自由」の保証だといってみても、そのために本願寺が別に必要だったということになるであろうか。ましてそこに「大谷派樹立の精神」をみることはできない。

しかし太田氏の提起は重要な意味を持っていた。教如および法中の望みは親鸞の教えを弘《ぐ》通《ずう》することにありというのなら、そのために存在しているはずの本願寺がそのようになっていない、と批判したことになる。それに応えた家康の言葉は、諸国末寺門徒が教如の本願寺へ結集することを保証し、教如の本願寺を承認したことを意味している。しかしそれは「信教の自由」保証ではない。教如への末寺門徒の帰参を領主たちが妨げることを禁じた文言があるのはなぜなのかが考察がなされていない。実は背景に、大名たちによる教如方への激しい弾圧があった。このことが考慮されていない。大名という地域権力が、本願寺教団に干渉して准如方を支持し、教如方を弾圧していた、これに対して家康が、教如への帰参を保証し、領主の干渉を否定した、と理解せねばならない。

二　教如派弾圧——本願寺別立への前提

越中で獄門さらし首

教如が本願寺を別立した理念を考えるに先だって、家康が教如への帰参勝手次第、「領主・地頭たりとも異義あるべからず」と触れたことは、それまで各地の領主たちが教如への帰参を許さなかったことが前提にあったはずである。いいかえれば大名による教如派弾圧があったはずである。以下にことを確認する。なぜ権力は教如派を弾圧し、坊主衆や門徒衆はそれにもかかわらずなぜ教如を支持したのか。それを考えることから、教如の本願寺別立の理念への視点が得られる。

慶長二年（一五九七）に越中（富山）で二人の教如派の坊主と門徒が首を討たれ、獄門に懸けられるという事件が起こった。処刑された坊主正秀の寺である生地《いくじ》専念寺《せんねんじ》（黒部市）の由緒書（『越中真宗史料』）には次のように伝えられている（読み下しにして送り仮名などを補った。以下の引用も同様）。

そのかみ、太閤秀吉公、准如上人御取立て、教如上人様御隠居仰付られ候みぎり、専念寺正宗（秀）・檀頭青木新（信）蔵、国中を廻り申し、惣坊主中且方頭分の者相勧め、教如上人様を真の善知識と致すべき旨、示し合わせ置き候に付、越中より一人も准如様え御礼参仕まつらず、御隠居教如様え心力をぬきんでて御馳走申し上げ候

秀吉が教如に退隠を命じたことに対して門末に反発が起こり、越中では生地専念寺正宗（秀）と門徒頭の青木新（信）蔵の二人が教如を真の善知識と仰ぐ運動を展開したので、越中から堀川本願寺へ参る者が一人もなかったという。教如を退隠させた権力への地方門末の反抗という状況が生まれていた。それに対して准如方は権力に弾圧を依頼する。

表より其段を秀吉公御頼みこれあり候に付、越中富山の領主前田《まえだ》肥《ひ》前守《ぜんのかみ》（利長《としなが》）殿へ御下知これあり、すなわち領主より准如上人え帰依仕るべき旨仰せ渡され候処、はたまた専念寺正宗幷新蔵、国中を密々に廻り、准如上人え帰依仕ざるようにと、身命をなげうち、普く示し合わせ候

准如の願いによって、秀吉は越中領主の前田利長を介して、領内門徒に准如帰依を命じた。けれども専念寺と新蔵はこれに従わず、密かに反対運動を継続したのである。天下人秀吉と

領主前田利長という権力に屈しない教如派の活動があった。

其後富山役所え惣坊主中、段々召し寄せられ候て、准如上人へ帰依仕るべきの由、厳重に仰付られ候、其節越中大坊主分勝興寺・瑞泉寺棟梁として御請申し上げ候故、専念寺正宗幷青木新蔵勧めの儀露顕仕り、慶長二年七月四日服部弥左衛門と申す人、正宗・新蔵をからめ取り、牢舎申し付けられ、同月六日前田対馬と片山伊賀奉行として正宗・新蔵を斬罪、両頭を勝興寺請取り、加州え持参し、表方御家老下間少弐法印実検の上、越中四郡を引き渡し、本寺の成敗を請け申さざる故、かくの如く行なう者也と高札を添え、いたち川にて獄門にさらし申し候

そこで利長は国内の坊主を呼び出し、越中真宗の頭である伏木《ふしき》勝興寺《しょうこうじ》と井波《いなみ》瑞泉寺《ずいせんじ》に、准如方帰依を請け負わせる。専念寺らの動きが露顕し、慶長二年七月四日に二人は捕らえられ、六日には首を討たれ、獄門さらし首として見せしめにされた。地方領主による教如派弾圧であった。

新（信）蔵の寺である入善町《にゅうぜんまち》浄慶寺《じょうきょうじ》には、処刑の場面をも描いた二幅の「信蔵絵伝」が残され、国道筋には首塚と「殉難之僧信蔵碑」が建てられている。獄門の側に立てられた高《こう》札《さつ》には「此もの裏方へ所存を通し、本寺の下知をうけ不申ゆへ、かくのごとくおこなう者也」と、「本寺」堀川《ほりかわ》本願寺に従わない者はこうなるという、見せしめ文言が記さていたと

いう（『目でみる越中真宗史』）。

この二人の他にも身命を賭《と》して教如支持を説き歩いた人びとがいた。滑川《なめりかわ》称永寺《しょうえいじ》や黒部《くろべ》の本伝寺《ほんでんじ》など四人の仲間があったようで、彼等は斬罪を逃れたが、「本伝寺由緒書上」（『越中真宗史料』）では、

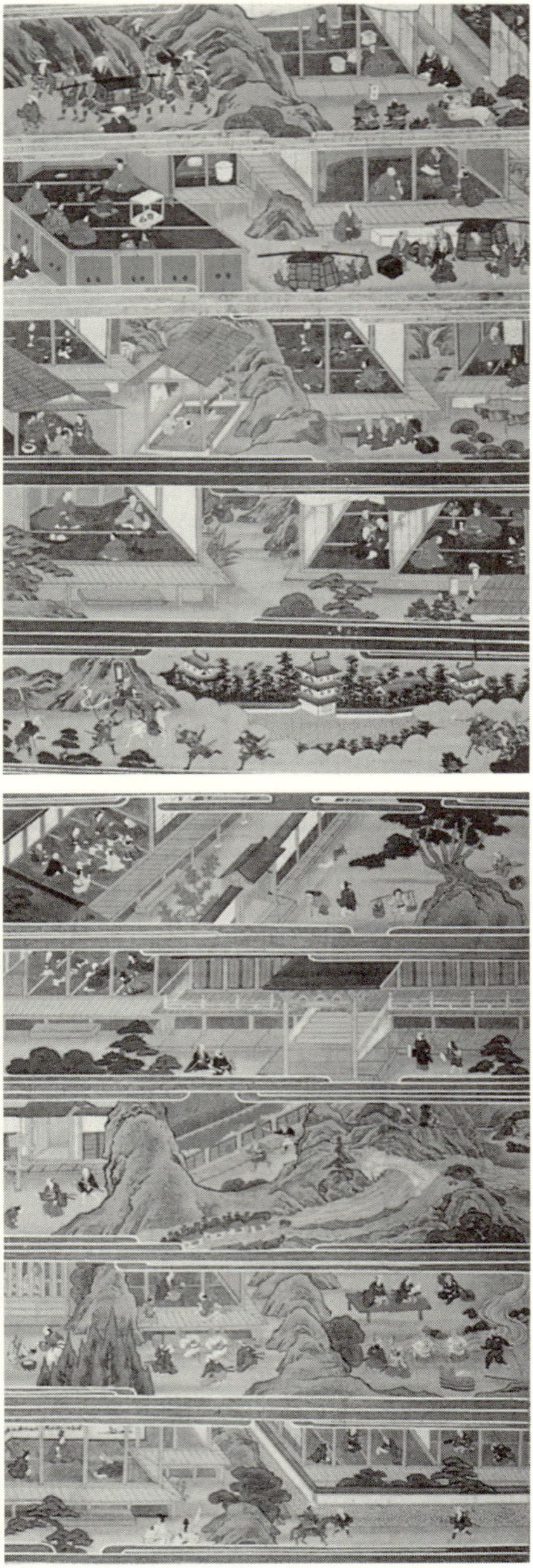

信蔵絵伝（富山県下新川郡入善町　浄慶寺蔵、『目でみる越中真宗史』より）

右六ケ寺は西方より放火仕り、其時私シ寺御本尊幷御代の御絵、西方え巻き取り、其外宝物等焼き捨て

と、准如方によって寺は放火され、本尊以下が焼かれたとある。また信蔵の寺である浄慶寺の「親鸞御影下付願」(同右)には、

度々御穿鑿に相成り、其外家内検断成られ、私親共の御本尊様・同御影様・御十字様まで悉く巻き取られ候へ共、私親又忍び罷り登り、御本尊様を申し請け罷り下り、御門徒中すすめ申す所に、国主より御奉行に春田太郎左衛門殿・大嶋新左衛門殿を遣わされ、御本尊様を引き破られ、寺をも追い出され候

と、やはり本尊などが破却された様相が書かれている。

この人びとは獄門さらし首の弾圧にもめげずに、熱烈に教如を支持した。なぜなのだろうか。伝承にはそのことは伝えられていない。

信長の大敵教如

では逆に、秀吉が弾圧を命じ、前田利長がこれに従ったのはなぜか。これまた理由を示す史料はないが、秀吉が教如に退隠を命じたときの十一箇条の覚書の第二に

一、信長様御一類には大敵にて候事　（『宇野新蔵覚書』）

という文言があったことが手がかりになる。信長およびその一類の大敵というのだから、秀吉にも大敵であった。第一は「大坂に居拵《きょぞん》せられ候事」と、大坂抱様を難じる条項で、石山《いしやま》合戦《かっせん》終結後十三年もしてからのことで、何をいまさらという感じであるが、この二項を合わせれば、教如排斥の大きな理由が、権力への敵対性で見られていたことを意味する。秀吉政権成立以来、教如は秀吉の出陣ごとに見舞いに下向《げこう》して忠誠の姿をみせていた、それにもかかわらず、である。では大敵と見做されたのはなぜなのか。

信長一類の大敵、秀吉にも敵対的であったのなら、前田氏にとっても教如は大敵となる。前田利家《としいえ》は、教如派さらし首事件の直後の慶長二年（一五九七）七月九日に、准如に書状を送り、そのなかで、

御末寺この頃不参致すに付て、御改使として下間少弐法橋差し下され候、委細その意存を得候、然かると謂えども、仏法の批判計り難く候条、如何様ニも少弐法橋次第ニ候、若し違背の輩御座候においては、急度申し付くべく候　（『越中真宗史料』）

と、准如方帰依命令に違反する者に対する締め付けを申し送っている。七月十二日には富山の町人が連署して、准如本願寺を本寺とすることを誓う連署状を提出している（同前）。越中だけではなく前田領の加賀《かが》（石川）でも、これに類する抑圧があったようで、同じ慶

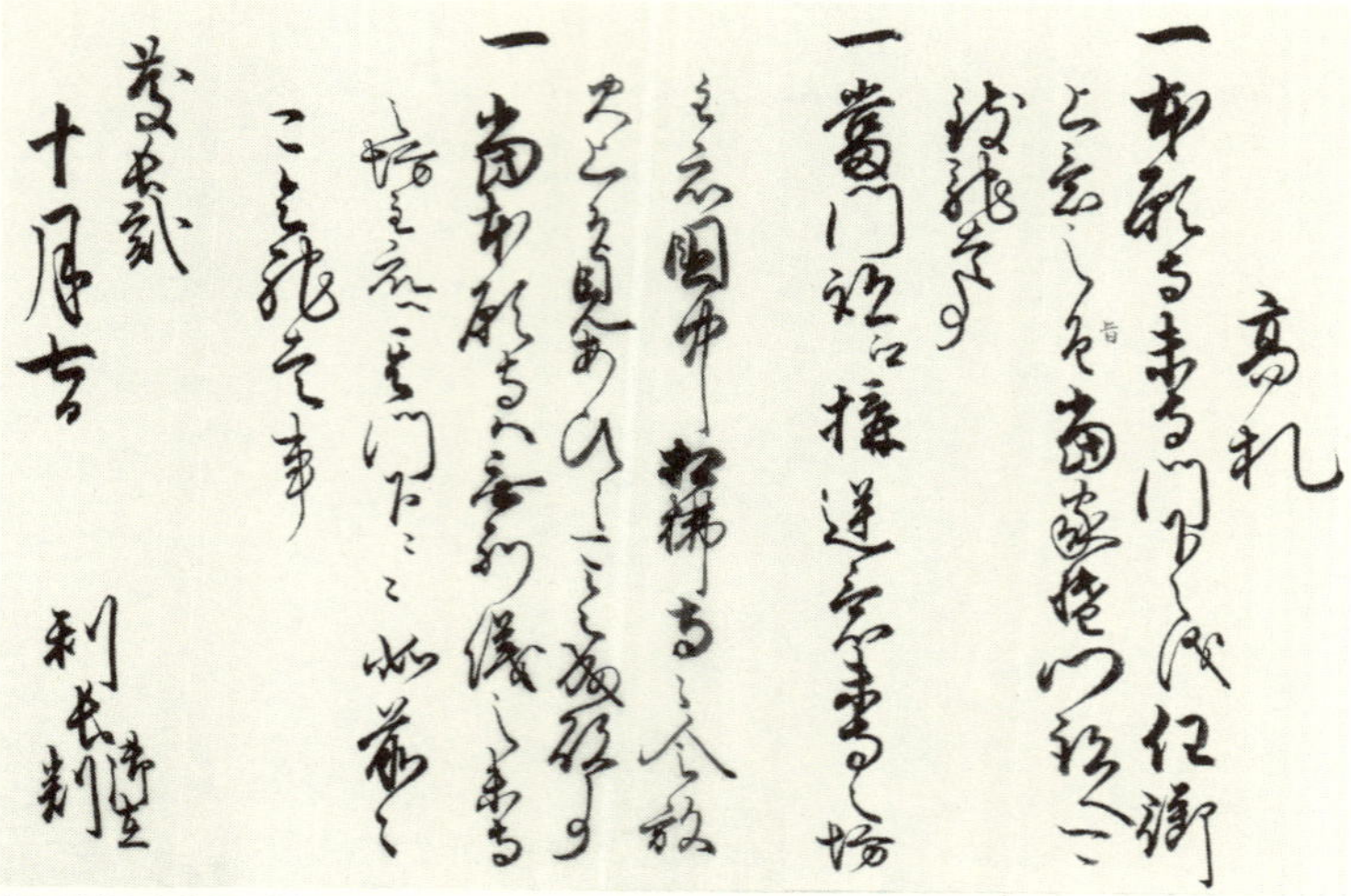

前田利長高札写（本願寺文書、大谷大学図書館蔵）

長二年七月には、金沢の町人百七十人余りが、

当門跡《もんぜき》准如様へ、向後逆意を構え申す儀、毛頭御座有ましく候、（中略）若しこの旨偽り申し候は、今生に於いては大納言様（前田利家）のご成敗に預かり、来世に於いては、忝くも如来聖人様の御罰を蒙らるべき者也　（『金沢市史』）

と、違反者は領主前田利家によって成敗され、来世往生から洩れるという誓詞連判状を提出している。

越中ではさらに十月七日には前田利長が高札（『越中真宗史料』）で准如方不参者成敗を布達している。

一、本願寺末寺門下の儀、御上意之旨に任せ、当家督門跡へ馳走いたすべき事

一、当門跡え逆意構える末寺の坊主衆、国

中相い払い、寺々放火せしめる上は、見あい二成敗すべき事

一、当本願寺へ別儀無きの末寺坊主衆へ、其門下々前々のごとく馳走せしむべき事

前田利家・利長は、なぜにこのように准如方支持、教如派弾圧という政策を取ったのであろうか。その理由に関しては何も記されていないが、次のように考えられよう。

一向一揆の国の大名

前田氏は土着の大名ではない。柴田勝家の部将佐久間盛政《さくまもりまさ》が加賀一向一揆を撃破して入部したが、賤ヶ岳《しずがたけ》合戦で柴田勝家と共に滅亡すると、その後を受けて能登・加賀・越中を領有した大名である。前田氏が支配を貫徹するには、一向一揆の残党を一掃しなければならない。しかしその一向一揆は、この地に住み着いている真宗門徒の百姓であるから、それを一掃することはできないし、それをやれば大名として存立することが成り立たなくなる。大名の支配におとなしく従うように真宗門徒を統制するしかない。少し後のことになるが、前田家三代の利常は、

此三ケ国（加賀・能登・越中）は一揆国にて候、信長の時分、一向宗の門跡信長え敵対し、北国の一揆発り候、信長より所々夫々縮りの城主を差し置かれ候、加賀・越中は別

して百姓心だて悪しく、国主えも手ごはり申し候、（中略）横着者、手ごはり候者をば、首を刎ね、はりつけに申し付け、厳重仕置き仕り候に付いて、次第に宜しく成り申し候

（『御夜話集』）

と、敵対する一向宗門徒百姓を弾圧したことを正直に述懐し、それによって百姓が次第に従順になったと述べている。

領主に敵対する門徒百姓の支持を受けていることで、教如は一向一揆残党の大将と見做される。信長の大敵というのは、このような意味であろう。抵抗し反逆する門徒と共に教如がいた。

一方の准如方本願寺が権力に教如方弾圧を依頼したことは、権力が一向一揆を解体することに力を貸すことであり、本願寺が戦国時代を生きてきた基盤を自ら掘り崩すことに他ならないのだが、そうすることで准如方本願寺は新たな存立基盤の形成を目指していた、とも考えられる。

それを逆から見れば、教如は一向一揆残党の支持を受け、戦国的な本願寺の基盤を保持しようとしたことになる。それはなぜなのか。堀川本願寺は権力に屈服したが、教如はそうではなかったのか。そうであったのなら、教如がいかに考え、何を理念としたのかが、やはり問われねばならない。

三　本願寺は慈悲の家
——残された言葉に見える理念

僧俗一体の教団

教如の言行を伝える数少ない史料の一つで、側近であった宇野新蔵《うのしんぞう》という家臣の記録『宇野新蔵覚書《おぼえがき》』に、「本願寺の家は慈悲を以って本とす」という教如の理念を伝える大変興味深い言葉が記されている。早くに気付いていて、「伝記編」にも記したが、もう一度考えてみたい。

あるとき、かつて明智光秀《あけちみつひで》の家臣で今は物乞いになった浄念という男が、教如を訪ねてお剃刀《かみそり》を請うたことがあった。家臣たちは、門跡ともあろうお方が、物乞いにお剃刀などとんでもないと反対したが、教如は、

本願寺親鸞聖人の申し残され候通には、非僧非俗、我ら遠行の後、死骸をば加茂川に

入れ、魚に与うべし、とある上は、本願寺の家は慈悲を以って本とすと述べたという。大変重要な、教如の本願寺別立の理念を知らせる言葉である。でも分かりにくい。お剃刀を請われて「非僧非俗」と答えたのは、どのように関係するのか、死後は魚に体を与えよというのと「本願寺の家は慈悲を以って本とす」というのは、どう関係するのか。

「非僧非俗」というのは、よく知られた親鸞の言葉で、『歎異抄《たんにしょう》』（『真宗聖典』。以下、真宗聖教はこれによる）の後序に見える。法然と共に念仏禁止で流罪にされた時、俗名を与えられて僧侶であることを否定されて俗人の身となったというのが「非僧」、それでも仏の教えと無縁の俗人ではない、その意味で「非俗」だと宣言した言葉である。

ここで教如が言った「非僧非俗」は少しニュアンスが違う。物乞いになった男がお剃刀を求めてきたことへの応答だから、お剃刀を受けて仏弟子になるのに、僧とか俗人、門跡とか物乞いというような、そのような身分的差別はない、それを超えたのが親鸞の精神だという意味である。ここで教如が言った「非僧非俗」とは、僧俗無差別、僧俗一体不可分、という意味合いの言葉だと推測される。お剃刀をうけるということは、僧俗の区別にかかわらず、それを超えて仏弟子となるということを意味し、教如は、僧とか俗とかにとらわれない仏弟子の集団として、本願寺とその教団を理想としたと理解できるのではなかろうか。

慈悲の教団

もう一つの、死後は体を魚に与えよというのは、覚如《かくにょ》の『改邪鈔《がいじゃしょう》』に「それがし親鸞閉眼せば、賀茂河にいれて魚にあたうべし」と見えている親鸞の言葉によっている。現代では葬式無用論などにさかんに引用される言葉である。覚如はこの言葉を引いた後に「この肉身をかろんじて仏法の信心を本とすべきよしをあらわしたまう」といい、さらに「いよいよ喪葬を一大事とすべきにあらず」と説いているので、確かに葬式無用論につながるが、しかし教如は、覚如が述べた葬式無用論ではなく、その前に述べられた肉身よりも仏法の信心を大事にせよという意味でもなく、この言葉を、そこには見えていない慈悲という言葉へとつなげている。親鸞の言葉を、体を魚に与えよということに力点をおいて理解し、自分の身を施して他者を救えという、いわば捨身《しゃしん》の慈悲、菩薩行《ぼさつぎょう》としての慈悲、その意味で使っている。本願寺門主たる者は、菩薩行としての慈悲の実践者でなければならない。だから、物乞いといえども、いや物乞いにこそ、お剃刀を施して仏弟子となし、弥陀の慈悲に預かる者としなければならないのだ、これが教如の考えである。そして、この理念こそが本願寺であるという、教如の揺るぎなき信念が、この逸話から知られる。

親鸞の言葉、覚如の文を、教如は大胆に読み替えている。そこに教如の並々ならぬ見識をみることができる。その目でながめると、「本願寺の家は慈悲を以って本とす」という教如独自の文言も、何らかの典拠があるように思われる。「慈悲を以って本」、これを言い換えれば本願寺は「慈悲の家」ともいえるが、そのような文言は聖典のうちには見出せない。しかし、「諸仏の家」とか「如来の家」という言葉が『教行信証』行巻の『十住毘婆沙論』の引用文に見られることに気付く。難しい文だからそのままでの引用は避けるが、要点を述べれば、「諸仏の家」「如来の家」とは、如来が衆生済度の大悲実現のために世間に生まれて住する過ちなき清浄の居処、とでもいえばよかろうか。そこでは世間道という煩悩の生き方がそのまま出世間道という悟りの生になる、というのである。そのような「如来の家に生まれる」ことが救いの第一段階である「初地に入る」ともいわれる。易行院法海という江戸の宗学者は「他力行者の正定聚の利益」と解釈している（補註1）ように、「如来の家に生まれる」ことで、必ず救われることが約束されることになる。「慈悲を以って本」とする本願寺という家は、衆生済度にはたらく如来が娑婆に出現する場であり、世間道がそのまま出世間道となるような場である、そこに住すれば必ず救われることが約束される場である、これが本願寺の理念なのだと教如はいいたかったのである。

教如は、本願寺は僧俗無差別、一体不可分の仏弟子の教団である、身を捨てて如来の慈悲を弘める教団である、如来の慈悲を自ら信じ、人にその信を弘める自信教人信を実践しなければならない、本願寺は娑婆における「如来の家」なのである、このような理念を持っていたことが知られる。こう気付いたとき、残された史料にこれを裏付けるものが多々あることに目を開かされた。

四　和讃が書き添えられた十字名号
——理念の具現化

教如の十字名号

教如が墨書した「帰《き》命《みょう》尽十方無《じんじっぽうむ》碍《げ》光如来《こうにょらい》」の十字名号の掛幅《かけふく》が残されている。蓮如以来歴代の本願寺宗主は「南無阿弥陀仏」の六字名号を門末に下付してきたが、教如には六字名号の下付がほとんどなく、代わって十字名号が用いられた。それだけでも歴代宗主に較べれば大きな変化であるが、加えて教如は、十字名号に親鸞の和讃を書き添えるという独自の様

教如筆
右、和讃書き添え十字名号（49・6×21・4センチ）
左、和讃書き添え九字名号（49・5×21・5センチ）
（石川県小松市　宗圓寺門徒蔵、図録『一向一揆と加賀門徒』より）

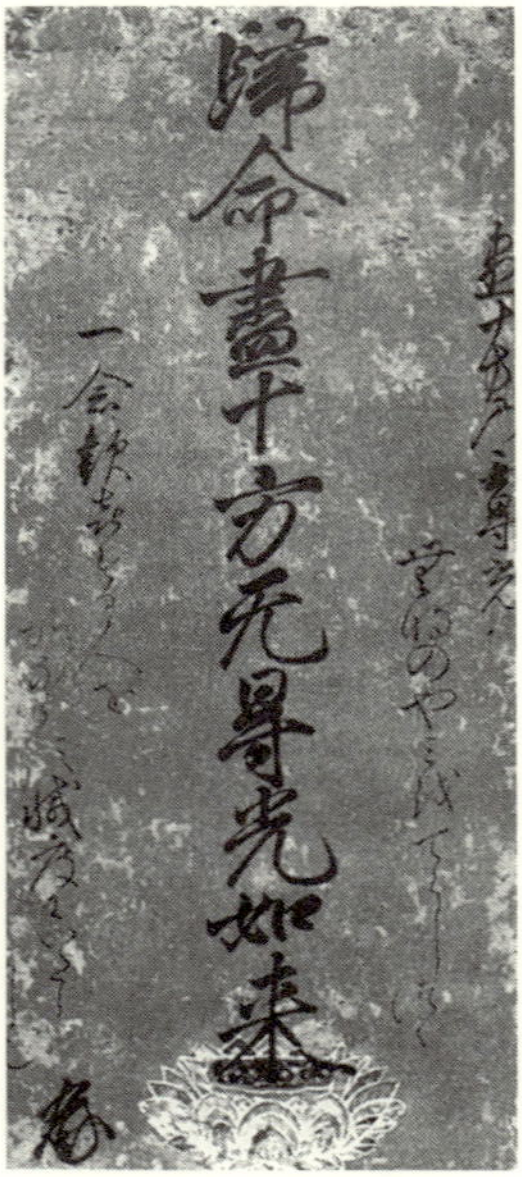

尽十方の無碍光ハ
無明のやミをてらしつゝ
帰命尽十方无碍光如来　（蓮台）
一念歓喜する人を
かならす滅度にいたらしむ
（教如花押）

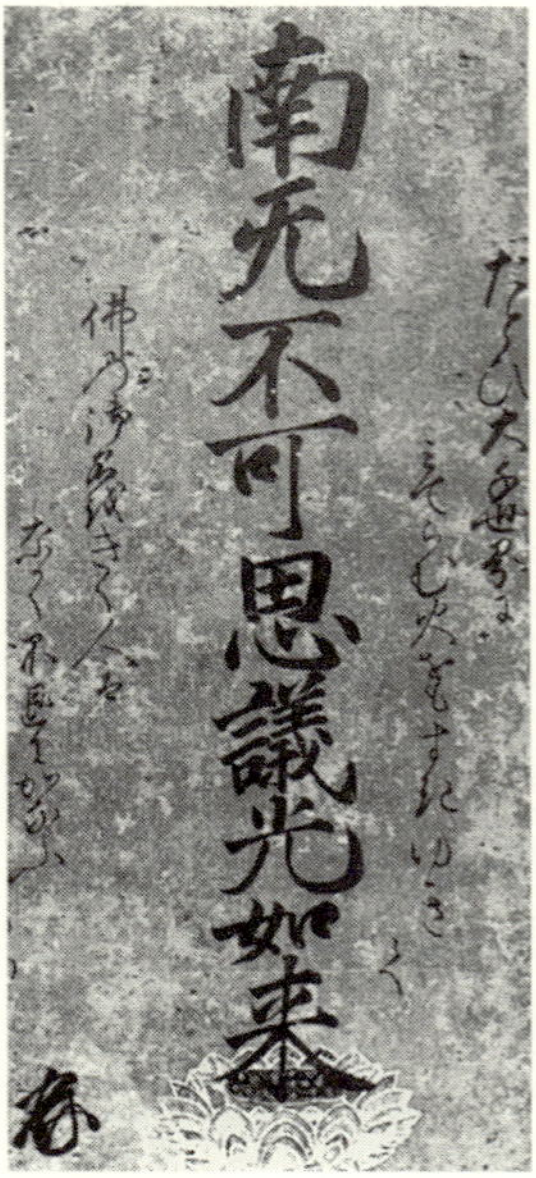

たとひ大千世界に
ミてらむ火をもすきゆきて
南无不可思議光如来　（蓮台）
仏の御名をきく人は
なかく不退にかなふなり
（教如花押）

式を創出した。現在確認しているものを紹介する。

それらは、縦が49センチ余り、横が21センチ余りという小型の十字名号である。多分、在家のお内仏の絵像本尊の脇に掛けられたものであろう。その一つが石川県小松市の宗圓寺《そうえんじ》に所蔵されている（実は同寺門徒の小松市高堂町の源田家所蔵と判明した）。この宗圓寺という寺は、加賀の能美郡の梯《かけはしがわ》川流域に展開している「直参十八道場」（後述）の一つである。本堂を構えて寺院形式になる以前は、在家とさほど変わらないお内仏を備えた道場だったのであろう。十字名号の両脇に書かれているのは、『高僧和讃《こうそうわさん》』の内の曇鸞《どんらん》和讃十八首目で、「尽十方の無碍光ハ」と十字名号に因む文言を持つ。その下に教如の花押《かおう》が記されている。この十字名号と共に、九字名号も所蔵されている。十字名号とほぼ同じ大きさで、これもまたお内仏本尊の脇に掛けられたものと推定される。現在でもお内仏には絵像か木像の阿弥陀如来をご本尊にして、両脇に十字・九字名号を掛けるから、その原型が教如のころにできあがっていたわけである。書き添えられているのは、『浄土和讃《じょうどわさん》』の「讃阿弥陀仏偈和讃」二十九首目である。

次頁の写真も小型のお内仏用と思われる十字名号である。八尾《やお》別院に所蔵されるが、この別院は慶長十二年に教如が大信寺と号して開創し、この寺を核にして寺内町が形成された大きな寺院であるから、このような小型の名号を、本尊の脇にせよ安置したとは考えにくく、

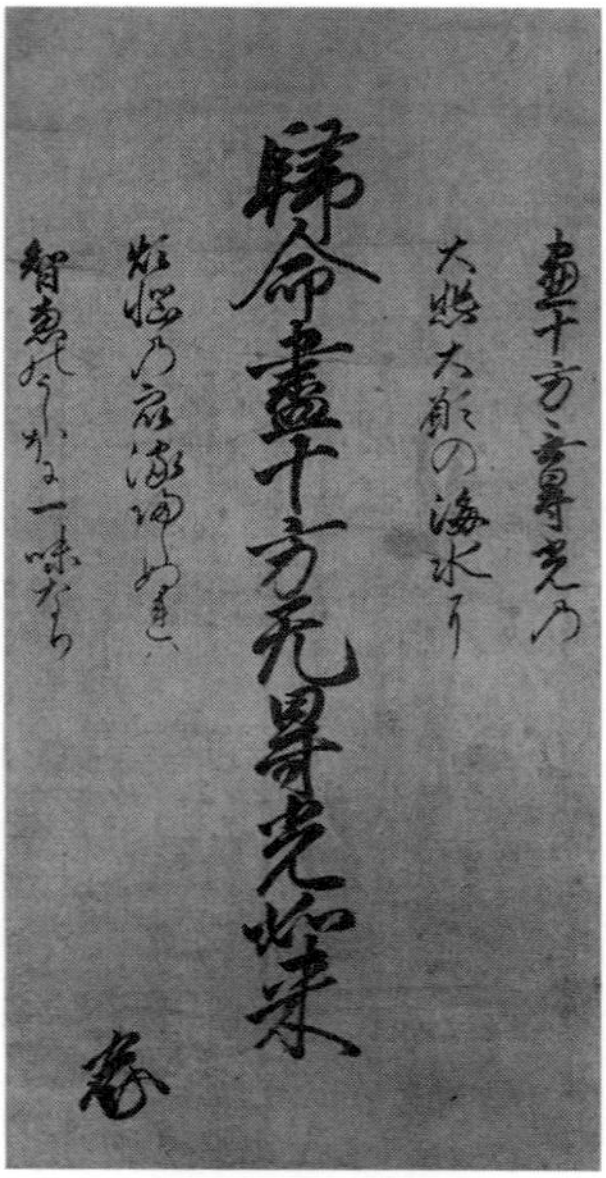

教如筆　和讃書き添え十字名号
（47.0×23.1センチ）
（大阪府八尾市　八尾別院大信寺蔵、図録『大阪の町と本願寺』より）

尽十方無碍光の
大悲大願の海水に
帰命尽十方无碍光如来
煩悩の衆流帰しぬれハ
知恵のうしほに一味なり
（教如花押）

おそらく後にここに所蔵されるようになったものと考えられる。書き添えられた和讃は『高僧和讃』の曇鸞和讃二十二首目で、これも「尽十方無碍光の」という十字名号に因む文言を持っている。図録（『大阪の町と本願寺』）の解説には、花押の形状から天正九年（一五八一）頃のものとある。

この他に、愛知県常滑《とこなめ》市光明寺（小泉義博『本願寺教如の研究』）と同田原市西円寺に、小松宗圓寺と同じ曇鸞和讃十八首目を書き添えた十字名号（図録『岡崎教区の法宝物』、大幅）が、大分県佐伯《さいき》市善教寺には「男女貴《なんにょき》賤《せん》ことごとく　弥陀の名号称するに　行住座《ぎょうじゅうざ》臥《が》もえらばれず　時《じ》処諸縁《しょしょえん》もさわりなし」という源信和讃七首目を書き添えた十字名号が、それぞれ所蔵されている。善教寺所蔵のものは『浄土《じょうど》文類聚鈔《もんるいじゅしょう》』の文言を記した二幅（後述）が添えられた三点セットである（図録『南無阿弥陀仏』）。

和讃書き添えのない教如筆の十字名号もあって、愛知県岡崎市浄光寺・同岡崎市浄専寺（同前）、石川県白山市願慶《がんきょう》寺が確認できる（『新修小松市史』）。富山県高岡市専称寺にもかつて安置されていた記録がある（「五尊御裏并御免状」）。石川県小松市興宗寺には「旗の名号」と称し、石山合戦で教如が各大将に書き与えたという大幅（90・3×31・7センチ）の十字名号が所蔵される（『新修小松市史』）。さらに愛知県西尾市随厳寺には九字名号がある（図録『岡崎教区の法宝物』）。

和讃が添え書きされたもの、ないもの、合わせて十一点の教如の十字名号・九字名号の存在が確認された。歴代本願寺宗主に見られなかった和讃添え書き名号の下付は、いったい何を意味するのであろうか、教如は何を思ってこれらを下付したのか、また、どのような所へ下付されたのかも、考えねばならない。

十字名号を現に所蔵するのは、一方に宗圓寺などの村道場的な寺院、八尾のような別院、佐伯善教寺や愛知県の光明寺・西円寺などは有力寺院であって、一定した傾向がうかがえない。しかし既に述べたように、小型で、お内仏の脇掛のような掛幅が主で、別院や有力寺院に下付されたとは思われず、後にその所蔵に帰したものであろう。従って、確たる証明は難しいが、在家門徒にお内仏用として下付されたものと仮に考えておく。

親鸞における十字名号の意味

十字名号を本尊として用いたのは親鸞に始まる。十字名号の親鸞真筆本は高田派本山専修《せんじゅ》寺に三幅（内一幅は南無尽十方無碍光如来）、愛知県岡崎市妙源寺に一幅が所蔵されている。その内の二幅には貼紙に願生《がんしょうげ》偈の文が記され「八十四歳書之」とあって、親鸞は晩年に十字名号を本尊として用いたことが判明している。親鸞著の『尊号真像銘文《そんごうしんぞうめいもん》』という書物には、

尽十方無碍光如来《じんじっぽうむげこうにょらい》ともうすは、すなわち阿弥陀如来《あみだにょらい》なり。この如来は光明なり。尽十方というは、尽はつくすという、ことごとくという。十方世界をつくして、ことごとくみちたまえるなり。無碍というは、さわることなしとなり。さわることなしともうすは、衆生の煩悩悪業《ぼんのうあくごう》にさえられざるなり　（五一八頁）

というように、懇切に解釈が施されている。言い換えてみれば、「尽十方無碍光如来」というのは阿弥陀如来が光明を放っている姿で、その光明は全世界を尽くして充満し、衆生の煩

悩悪業にさえぎられて届かないということがない、という意味である。阿弥陀如来が人びとを救い取るはたらきである光明は、さえぎられることなく、すべての人びとに届いているということである。如来が娑婆《しゃば》で全人類を救い取るはたらきをなしていることを示すのが十字名号である、といってもよかろう。

この他にも親鸞には十字名号に関して多くの言及がある。主著『教行信証《きょうぎょうしんしょうぎょう》』行巻冒頭に、

謹《つつし》んで往相《おうそう》の回向《えこう》を案ずるに、大行《だいぎょう》あり、大信《だいしん》あり。大行とは、すなわち無碍光《むげこう》如来の名《みな》を称するなり　（一五七頁）

とあるのがその要である。「無碍光如来の名を称する」こと、帰命尽十方無碍光如来と十字名号を称えることが、衆生を浄土に導く如来の往相回向《おうそうえこう》というはたらきであるといわれている。十字名号は如来が衆生を浄土に導くはたらきで、それが如来の「行」であるという意味で「大」を付けて大行といわれ、その大行が人びとに差し向けられる、それが回向ということであるが、その回向によって、如来の救いを信じようとしない者にも信心が与えられるということ、衆生の信は如来のはたらきとしての信という意味で「大」信なのである。帰命尽十方無碍光如来の名を称える十字名号に浄土真宗の根幹が示されている。衆生を浄土に導く如来の娑婆でのはたらきが十字名号であるといわれている。

現代真宗教学の十字名号

これも親鸞の著である『唯信鈔文意《ゆいしんしょうもんい》』にも多くの言及があるが、「「如来」ともうすは、無碍光如来なり」（五四七頁）と規定し、その如来の「来迎《らいごう》」に関して、

法性《ほっしょう》のみやこへ、むかえいて《（率）》、きたらしめ、かえらしむという。法性のみやこより、衆生《しゅじょう》利益《りやく》のために、この娑婆《しゃば》界《かい》にきたるゆえに、「来」をきたるということなり。法性のさとりをひらくゆえに、「来」をかえるというなり　（五五一頁）

と、如来が娑婆へ出現してはたらくことがいわれている。

この文に関して同朋大学の田代俊孝教授は、「来迎とは、法性のみやこへ来らしむことであり、すぐさま正定聚《しょうじょうじゅ》に住することである」、「仏自らが我々にまで、動的に来り現れ、一切衆生を摂取し、同化せずにはおかないのである」、それは「まさに還相回向《げんそうえこう》そのものである」（『唯信鈔文意』講讃』、一〇〇頁）と述べている。現代真宗教学での無碍光如来理解であり、如来は私たちを「法性のみやこ」である浄土へ導くために娑婆へ来現する還相回向というはたらきを持っているというのである。

『教行信証』行巻では如来のはたらきを往相回向といい、『唯信鈔文意』の「来迎」の文では還相回向といわれていて、混乱してしまうから、ごく簡単に両者の関係をいえば、如来の

はたらきには、衆生を導いて浄土に往かせる往相回向と、そのために如来が浄土から娑婆に還来《げんらい》する還相回向の二面があるといえばよかろうか。十字名号は、往相回向として衆生の往生を定める救済原理となり、還相回向として娑婆ではたらいているという二つの側面をもっているのである。

『唯信鈔文意』ではさらに、このような還相回向のはたらき、如来が娑婆ではたらく、そのはたらきによって、

すべて、よきひと、あしきひと、とうときひと、いやしきひとを、無碍光仏の御《おん》ちかいには、きらわず、えらばれず、これをみちびきたまうをさきとし、むねとするなり。（五五二頁）

りょうし・あき人《びと》、さまざまのものは、みな、いし・かわら・つぶてのごとくなるわれらなり。如来の御ちかいを、ふたごころなく信楽《しんぎょう》すれば、摂取《せっしゅ》のひかりのなかにおさめとられまいらせて、かならず大涅槃《だいねはん》のさとりをひらかしめたまうは、すなわち、りょうし・あき人などは、いし・かわら・つぶてなんどを、よくこがねとなさしめんがごとしとたとえたまえるなり。（五五三頁）

と、煩悩濁悪《じょくあく》のわれらの救いは、石・瓦・礫《つぶて》を黄金に変えるようなものだといわれている。ここでは、帰命尽十方無碍光如来の十字名号は、如来の娑婆でのはたらきである還相回向に

力点をおいていわれており、煩悩の衆生をそのまま、救済が決定した正定聚不退の位に導くはたらきとされている。

現代真宗教学で十字名号を解釈の中心にすえるのは、大谷大学元学長の真宗学者、寺川俊昭氏である。先に掲げた『教行信証』行巻の往相回向に関する文について次のように言われる。

ここで聖人は、深い教恩をいただいた法然上人が興隆した仏道を支える〈念仏〉を、曇鸞大師が述べた意味深い「称無碍光如来」に根源化してとらえながら、その積極的意味を〈大行〉と開顕し、高くかかげております。その〈大行〉という聖人独自のことばの意味を、私は〈大悲の現行〉ととらえていいのではないかと了解するのです。そうすると、「無碍光如来の名を称する」と厳密にいい表される称名念仏は、大悲の現行を自証するということになりましょう。

（『親鸞の信のダイナミックス』、九三～四頁）

十字名号は〈大悲の現行〉と寺川氏がいわれているのは、如来が娑婆で大悲をはたらかせている意と了解される。それは往相回向でありかつ還相回向であるという両面の意であろうが、寺川氏はそこに注目されるのではなく、十字名号は救済の自証、つまり私の救いの証しであると、自己の問題に展開されている。十字名号が、私を含む一切衆生の石・瓦・礫のごとき生を黄金に変成するごときはたらきである、つまり利他のはたらきであることへの言及がなされない。

現代真宗教学の十字名号理解が、一元的に如来の娑婆でのはたらきとして十字名号という側面に注視しているわけではないことを見てきたが、このこと自体、ひとつの大きな問題である。このような事柄にこだわるのは、教如は、十字名号は利他のはたらきである、従って十字名号を掲げる本願寺は慈悲の家であるとして時代社会に投げかけたからである。『教行信証』総序に、提婆達多・阿闍世の悪逆は「権化《ごんけ》の仁《にん》、斉《ひと》しく苦悩の群萌《ぐんもう》を救済《くさい》し、世雄《せおう》の悲、正しく逆謗闡提《ぎゃくほうせんだい》を恵まんと欲《おぼ》す」（一四九頁）と、如来が娑婆に悪逆者となって現れることが逆縁となって、人びとを、またその悪逆者その人を、救い取ると語られる。娑婆でのできごと、娑婆に存在する人びとは、その善悪を問わずすべて如来の娑婆でのはたらきであり、それらが逆縁とも順縁ともなって一切を救い取ることを意味する。

本願寺への敵対者としての信長も如来が娑婆に現れた「権化の仁」となる。これを迎え撃った門徒衆もまたそうであった。それらをすべて救い取るという如来の悲願を十字名号として仰ぎ称える、その場としての本願寺を教如は慈悲の家と捉えたのである。まさに本願寺は「諸仏の家」、「如来の家」であった。十字名号は教如の理念をこのように象徴するから、現代真宗教学の十字名号理解に疑問を提したままでである。

十字名号の歴史的系譜

十字名号は関東初期教団でも本尊として用いられ、光明を放つ十字名号や光明に化仏が付された掛幅も現れた。これらもはやり無碍光如来が娑婆ではたらく姿を表そうとしたものと考えられる。

蓮如は継職直後から十字名号を続々と下付した。紺紙に金泥ウツホ字で大書され、四十八本の光明を放ち、上下の色紙型に銘文を墨書した大幅である。早島有毅氏によって二十三本が確認されている。

蓮如はこの十字名号を「無碍光本尊」と名づけたが、比叡山はこれを、無碍光宗と号して新たな一宗を建立するものと非難し、蓮如の真宗を無碍光の邪義であると決め付けて弾圧を加え、大谷本願寺が破却された寛正の法難となった。弾圧を呼び込んだのは、娑婆ではたらく如来を意味する十字名号が、娑婆の法を超える解放性として表明されたから弾圧されたという草野顕之氏の見解もある。

そこで蓮如は、法難以後には無碍光本尊の発給をやめて、もっぱら六字名号を用いる。けれども十字名号のみを墨書した大幅は書かれ続ける。絵像本尊の脇掛として用いられたと考えられよう。十字名号はこうして本尊の脇掛として定着し、その後、実如が相当の数を下付し、証如・顕如にもこれが知られる。十字名号は本尊南無阿弥陀仏が娑婆ではたらく相を顕すものとして、本尊の脇に掛けられることになった。

言葉を書き添えた名号

六字名号「南無阿弥陀仏」が、南無とたのむ者を必ずたすけるという、弥陀の本願とそれによる救済の原理を示すのに対して、「帰命尽十方無碍光如来」の十字名号は、南無阿弥陀仏という原理が実際にはたらきだした姿、作用を意味する。南無阿弥陀仏の本尊の脇に掛けられて、本尊が娑婆ではたらく姿を示すという関係にある。教如の十字名号も、その流れのうちにあって、脇掛として用いられたように思われる。そこに和讃が書き添えられたことで、本尊のはたらきを説明する脇掛としての意味が強化された。

名号に和讃を書き添える先例がまったくなかったわけではない。豊後高田市妙寿寺に所蔵される天文五年（一五三六）の証如裏書の六字名号に和讃が添えられている（図録『南無阿弥陀仏』、補註2）。教如の和讃書き添え十字名号のさきがけということができよう。

教如がこの証如の和讃書き添え六字名号を知っていたかどうかは不明ながら、教如が諸国を秘回中（後述）の天正九年（一五八一）に三河（愛知）へ集中的に証如御影の下付を行っているという青木馨氏の指摘を勘案すると、教如が証如に強い関心をもっていたことが伺える。義絶された父顕如を通り越して、宗主権の正統性を祖父証如に求めていたとも考えられ、あるいは和讃書き添え十字名号の先例をここに見出していたかもしれない。

他にも名号に文を付記したものが幾つか見出せる。蓮如が六字名号に御文を付記した例がある。例えば小松市正賢寺の「御文くずしの名号」(補註3)と呼ばれる六字名号がそれである(図録『一向一揆と加賀門徒』)。また、『浄土文類聚鈔』の文と和歌を書き添えた六字名号が貝塚願泉寺に所蔵(補註4)されている(『図録蓮如上人余芳』)。教如には六字名号下付がほとんどないと述べたが、福岡県うきは市光教寺の教如筆の大幅六字名号には和讃が書き添えられている(補註5)。これらは直接に和讃書き添え十字名号に結びつくものではないが、様式としてはその先駆といえよう。

以上のように、名号に何らかの文言を書き添えて、名号の意味を解き明かす先例が幾つかあったことが判明したが、いずれも例外的に存在するだけで、一つの様式としてあったものではない。和讃書き添え十字名号という様式は教如が創出したものといえよう。この様式によって、南無阿弥陀仏という救済原理がはたらきだして、人びとを必ずそのまま救い取るという作用となったのが帰命尽十方無碍光如来の名号であると宣言したのである。

書き添えられた和讃

三帖和讃には「無碍光」という名辞を持つものが十首見出せる。それらは、どれにしても十字名号を開く内容をもっているが、その中から教如は二首を選びだした。

尽十方の無碍光は　無明のやみをてらしつつ
一念歓喜《かんぎ》するひとを　かならず滅度《めつど》にいたらしむ

（『高僧和讃』曇鸞和尚一八、四九三頁）

無碍光仏が無明の娑婆にはたらいて照らし出し、称名念仏に歓喜する人びとを必ず救い取ると、衆生の往生が、必ず、に力点をおいて説かれている。教如が選んだ理由をここに見ることができる。

無碍光の利益《りやく》より　威徳《いとく》広大の信をえて
かならず煩悩のこおりとけ　すなわち菩提のみずとなる

（『高僧和讃』曇鸞和尚一九、同）

尽十方の無碍光の　大悲大願《だいがん》の海水《かいしい》に
煩悩の衆流《しゅりゅう》帰《き》しぬれば　智慧のうしおに一味《いちみ》なり

（『高僧和讃』曇鸞和尚二一、同）

この二首は、衆生の煩悩がそのまま菩提となり如来の智慧と一味になるという無碍光如来のはたらきを説くことに重点があり、煩悩のままでの救いが説かれている。煩悩の衆生を必ず、ありのまま、の救済が説かれている。この二首はいずれでもよかったのであろうが、教如は後者を選択した。教如が選んだ曇鸞和讃一八・二二の二首は、十字名号が娑婆ではたらく如来であることを示し、人びとをありのままに必ず救うという無碍光仏の娑婆でのはたらきを説くものであった。

他になお書き添え和讃がある。宗圓寺本九字名号には、

たとひ大千世界に　みてらん火をもすぎゆきて
仏の御名《みな》をきくひとは　ながく不退にかなうなり
（『浄土和讃』二九、四八一頁）

が書き添えられ、善教寺本には、

男女貴賤《なんにょきせん》ことごとく　弥陀の名号称するに　行住座臥《ぎょうじゅうざが》もえらばれず　時処諸縁《じしょしょえん》もさわりなし
（『高僧和讃』源信大師七、四九七頁）

が添えられている。前者では、娑婆の煩悩の猛火の中で念仏する人びとが浄土に迎えられると説かれ、後者では性や身分を超えて、「行住座臥」「時処諸縁」を選ばず、さわりなしと、いつでもどこでも、ありのままに念仏する人びとの救いがいわれている。併せれば、石山合戦に、一向一揆に生きた門徒衆のイメージにならないだろうか。教如は十字名号の意味を開くに、ありのまま、必ずの救済の意を籠めたと見ることができる。

五　聖教文言掛幅——理念の論拠

浄土文類聚鈔文掛幅

教如の遺品として重要なものがもう一つある。聖教の文言を墨書した掛幅である。先にあげた佐伯市善教寺の和讃書き添え十字名号は、親鸞の著『浄土文類聚鈔』の文を二行ずつ二幅に記し、教如が花押を据えた掛幅と三幅のセットになっている（図録『南無阿弥陀仏』）。八尾別院にも善教寺と同形式の『浄土文類聚鈔』の文を記した掛幅がある（『教如上人と東本願寺創立』）から、これも多分、十字名号とセットであったことを思わせる。滋賀県の五村《ごむら》別院には、十字名号はないが、同じ『浄土文類聚鈔』の文言を記した二幅の掛幅が所蔵されている（宮部一三『教如流転』）。

わずか三幅しか管見に入っていないが、これらの掛幅は教如が十字名号の意義を親鸞の書によって根拠付けようとしたと思われ、きわめて重要である。次のような文言である。

第一幅
論主宣布廣大無导浄信　(教如花押)
普偏開化雑善堪忍群生

第二幅
宗師顕示往還大悲回向
慇懃弘宣他利々他深義　(教如花押)

様式的にみれば、蓮如が正信偈文を二行二幅の掛幅形式で作成していることに淵源しよう。碧南市願随寺・小松市正賢寺・小松市光玄寺・海南市了賢寺・福井県永平寺町本覚寺など多数の遺品がある（補註6）。先に見た福岡県うきは市光教寺の六字名号も、正信偈の「本願名号正定業」以下八句が二行ずつ二幅に書かれた教如の掛幅を伴っているのは、蓮如に倣ったものであろう。

この様式を踏まえて教如は『浄土文類聚鈔』の文を書いた掛幅を作成したと推定される。ただ蓮如の掛幅は縦86～103センチの大幅であるのに対して、いずれも和讃書き添え十字名号と同じ小幅であることで異なっている。蓮如の正信偈掛幅がどのように奉安されたのかは不明であるが、教如の浄土文類聚鈔文の掛幅は和讃書き添え十字名号と共に安置されて、十字

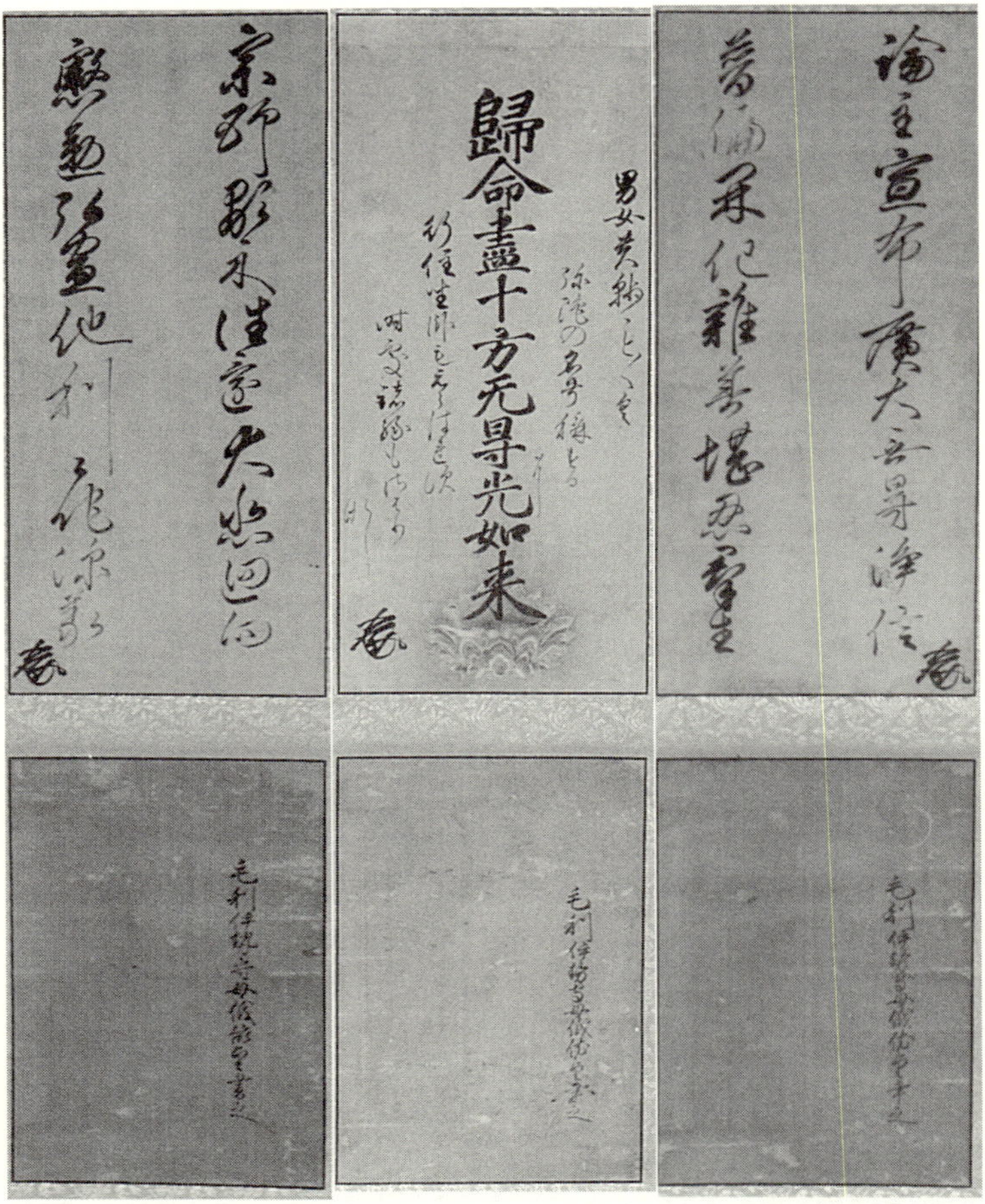

十字名号と浄土文類聚鈔文掛幅三点セット
（大分県佐伯市　善教寺蔵、図録『南無阿弥陀仏』より）

浄土文類聚抄掛幅（八尾別院大信寺蔵）

名号の意義を示していたものと考えられる。

教如掛幅が『浄土文類聚鈔』の文言であることはどのような意味をもっているのかが問題である。教如の掛幅の文言も、一見『教行信証』証巻結釈の文に似ている。しかし詳細に見ると、これに「無碍浄信」とあるところが証巻では「無碍一心」であって、『教行信証』の文ではなく『浄土文類聚鈔』の文であることを示している。さらに対比すれば、

証巻（真宗聖典）　論主宣布広大無碍一心　普遍開化雑染堪忍群萌
聚鈔（東本願寺本）　論主宣布広大無碍浄信　普遍開化雑染堪忍群生
（聖教全書）　論主宣布広大無碍浄信　普遍開化雑善堪忍群生（慶長七年版本）

となる。教如掛幅での「雑善」は、『浄土文類聚鈔』の東本願寺本では「雑染」であって異なり、『真宗聖教全書』の底本である慶長七年版本の「雑善」と一致する。教如掛幅は、証巻結釈ではなく、『浄土文類聚鈔』慶長七年版本と同じであることが明らかになった。

慶長七年版本は准如開版とされてきたが、真宗典籍刊本の研究者である佐々木求巳氏が、その刊記は後に加えられたと指摘するように、准如ではなく教如開版の可能性が高い（『真宗典籍刊行史稿』、補註7）。教如の聖教開版は、他には『正信偈三帖和讃』と『御文』しかないから、教如が『浄土文類聚鈔』を刊行したのなら、この書がいかに重視されたかをよく示し

ている。刊行された慶長七年（一六〇二）十二月は、上野廐橋から親鸞祖像を迎えて本願寺を別に開く直前である。

『浄土文類聚鈔』の理念——浄信

では、教如はなぜ証巻結釈ではなく『浄土文類聚鈔』の文を選んで掛幅としたのであろうか。両書の違いを考えねばならない。多くの引用文からなり広本といわれる『教行信証』と、引用文がきわめて少なく略本と呼ばれる『浄土文類聚鈔』という関係にあって、どちらが先に成立したのかが問題とされてきた。それを今は考慮しなくてもよい。内容的に最も大きな違いは、『教行信証』が真宗の大綱を往相還相二回向と教・行・信・証の四法で開顕するのに対して、『浄土文類聚鈔』は四法の内の信を行に摂取（行中摂信）して三法で説くことにある。また『教行信証』は教相の書であるのに対して、『浄土文類聚鈔』は安心《あんじん》の書であるとされている。同朋大学真宗学教授の広瀬惺氏は「信心の現実に即してあらわされている書」（『『浄土文類聚鈔』に学ぶ』、一七頁）であるといわれる。ならば「安心の書」、「信」の書である『浄土文類聚鈔』がどうして信を行に含めてしまう「行中摂信」となるのであろうか。

根本の「教」である如来の本願は、その体である名号となって「利他円満の大行」として、如来が救済を成就するはたらきとして、衆生に差し向けられる。

　往相につきて大行あり、また浄信あり。「大行」とは、すなわち無碍光如来の名《みな》を称するなり。

　（『浄土文類聚鈔』、四〇三頁）

如来が衆生を浄土に導く往相回向というはたらきは、如来の行であるという意味で「大行」といわれ、十字名号を称える称名念仏となって、衆生を包みこむ。衆生の信は、大行である名号に摂取されたことで「行中摂信」であり、その信の姿が「浄信」である。「浄信」は『浄土文類聚鈔』のキー概念である。『教行信証』行巻では、先に見たように、右とほとんど同じ文があって、そこでは「大信」とされたが、ここでは「浄信」である。ただし『教行信証』にも総序に「真実の浄信、億劫にも獲がたし」とあって、「浄信」もまた用いられてはいる。

「浄信」とは、広瀬惺氏が「信が煩悩の身に発起した如来清浄願心の回向成就の信」（『浄土文類聚鈔』に学ぶ』、一一三頁）と説明しているように、煩悩にまみれた清浄にあらざる我身に、あるはずのない清浄真実の信が顕現することであり、如来から差し向けられた清浄の信であるとの意味で「浄」信といわれるのである。その浄信の姿は「無碍光如来の名を称する」ことである。帰命尽十方無碍光如来という十字名号は、娑婆にはたらく如来が光明となって衆生を包み込み、浄ならざる身に、真実清浄の信が成就された姿を意味する。

『浄土文類聚鈔』は、次に天親菩薩《てんじんぼさつ》『浄土論』の「世尊我一心、帰命尽十方無碍光如来、往生安楽国」の文を引き、「薄地《はくじ》の凡夫《ぼんぶ》・底下《ていげ》の群生《ぐんじょう》、浄信獲《え》がたく、如来の加威力《かいりき》に由《よ》るがゆえに」、「真実の浄信を獲《う》れば、大慶喜心《だいきょうきしん》を得るなり」（四〇五頁）と、凡夫に得がたき浄信が如来から与えられる喜びを語る。さらに続けて還相回向が説かれる。「還相回向と言うは、すなわち利他教化地《りたきょうけじ》の益《やく》なり」、「煩悩の稠林《ちゅうりん》に入《い》って諸有《しょう》を開導す、すなわち普《ふ》賢《げん》の徳に遵《したご》うて群生《ぐんじょう》を悲引す」と、如来が娑婆ではたらき衆生を利益する姿が明確にされて、「もしは往《おう》・もしは還《げん》、一事として如来清浄《にょらいしょうじょう》の願心《がんしん》の回向成就したもうところにあらざることあることなきなり」（四〇七〜八頁）と、如来の往還二回向がすべて清浄の願によると述べて、教・行（摂信）・証が総括される。

そしてさらに、「ここを以って」と、この散説段全体を受けて、「浄土縁熟《えんじゅく》して、調達《じょうだつ》、闍《じゃ》王《おう》、逆害を興ず」と、『教行信証』総序に類似した文言で逆害の興起をいい、「達多《だった》・闍世《じゃせ》、博《ひろ》く仁慈《にんじ》を施《せ》し、釈迦・弥陀、深く素懐《そかい》を顕《あらわ》せり」（四〇八頁）と、逆害もまた如来のはたらきであることが明かされる。提婆達多《だいばだった》、阿闍世《あじゃせ》もまた総序にいう「権化の仁」であり、如来が娑婆ではたらく姿であることをいうと解される。従って、この部分は往還二回向の総括の位置にありながら、力点が還相回向に向けられていると了解される。

以上の展開を受けて、教如が掛幅として記した文が記されている。第一幅の文は、論主天親菩薩は広大無碍の浄信を宣布して群生を開化したと、大行としての帰命尽十方無碍光如来の名を称する浄信の相を示していて往相回向をいう。それは同時に如来が娑婆ではたらく意味では還相回向でもあることを含意し、次に第二幅の文で、宗師曇鸞大師は往還二回向を顕示して他利《たり》、利他《りた》を広めたと述べられる。

教如が掛幅に顕した文は、二種回向によって十字名号に摂取《せっしゅ》された浄信をいうことで『浄土文類聚鈔』散説段の総括を意味する文であった。浄信の相の顕れとしての十字名号を意義づける根幹となるものということができる。その文の直前に提婆・闍世の悪逆が語られていることからすれば、この文も、そのような文言はないにしても、如来の娑婆ではたらきが悪逆とあらわれて、それによって浄信があることを言外に強く含意している。

結論的にいえば、教如がこの文言を選んで掛幅にしたのは、「雑善堪忍の群生」である救われがたき衆生が、如来回向の大行である帰命尽十方無碍光如来の称名念仏によって「清浄真実の信心」である浄信の姿となって救われる、このことを示したかったからだということができよう。

教如は、逆悪に対抗する「雑善堪忍の群生」が必ず救われることを確信していた。ちなみに、教如の書状（「教如上人消息」）には、ほとんどに、必ず往生、という文言が使われていることに気付く。志への礼状六十七通の内、「皆こと〳〵く報土に往生すべき事」が十五通、

「かならず極楽に往生すべき」が二十五通、「浄土に往生すべき」が八通、「往生治定」が三通で、都合五十一通が、ことごとく往生、必ず往生、往生すべき、往生治定という文言を伴っている。志を上納した門徒衆に、必ず往生と礼状に記すこと、ここに教如の思いが見えている。

教如の修学については何も伝えられていないが、十一世顕如の長男として、相応の教学的研鑽を積んだであろうことは想像に難くない。『教行信証』も学んでいたであろうが、掛幅を記すに当たって、それではなく『浄土文類聚鈔』が選ばれたのは、悪逆の身と「浄信」文言がそれを必然としたことが考えられる。十字名号の典拠を示すだけなら、先にも触れた『唯信鈔文意』に十字名号に関して豊富な記述のあることから、それから選ばれても不思議ではなかったであろう。『唯信鈔文意』の「無碍光仏の不可思議の本願、広大智慧の名号を信楽すれば、煩悩を具足しながら、無上大涅槃にいたるなり」（五五二頁）というような文言は十字名号に付記せられるに十分な内容を持っている。しかしやはり、それには見えない「浄信」文言や悪逆の興起という課題に対応して『浄土文類聚鈔』が選ばれたと考えたい。

どこへ下されたのか

この掛幅がどこへ下付されたのかをみておく必要がある。善教寺蔵の十字名号とセットになったものは、119頁の写真（下段）のように「毛利《もうり》伊《い》勢守《せのかみ》母儀の所望によってこれを書く」という裏書がある。佐伯藩主になった毛利高政《たかまさ》の母へ与えられたものであることが知られる。『寛政重修諸家譜《かんせいちょうしゅうしょかふ》』によれば、高政は近江《おうみ》（滋賀）出身で秀吉に仕えて播磨《はりま》（兵庫）明石で二千石、天正十五年（一五八七）には豊後日田玖珠《ひたくす》二万石の大名となり、関ヶ原合戦後の慶長六年（一六〇一）に佐伯へ移封された。その母は「瀬尾小太郎某女」とあるが、瀬尾氏については不明である。この女性を妻とした高政の父の高次も秀吉に仕え、尾張《おわり》愛知郡古渡を領したとあるから、その妻が熱心な門徒であったと伝えられるのも、実家瀬尾氏もまたこの地に縁のある尾張門徒であったかもしれない。この女性がどういう機縁で教如に出会ったのかも分からない。天正十五年に教如が秀吉の陣中見舞いに九州へ下った時とも考えられるが、今は明らかにし難い。ともあれ、この和讃書き添え十字名号と浄土文類聚鈔文掛幅の三点セットは、善教寺に下付されたものではなく、武家の女性に与えられたものである。

五村別院の掛幅は、箱蓋裏書には近江坂田《さかた》郡下坂村の宮川清造氏の所蔵とあって、明治三十六年（一九〇三）に長浜《ながはま》町の村瀬嘉平氏が譲りうけ、昭和二年に五村別院に寄附したものである。これまた別院に下付されたものではなく、在家門徒に伝来されたことが明らかになった。八尾別院本も所蔵されたいきさつは不明であるが、やはり小型であるところから別院への下付ではなく、別院に関わる人物などへ授与され、そのお内仏などに安置されていた可能性が大である。

以上のように、浄土文類聚鈔文掛幅は、一般寺院道場に下付されたのではないことがほぼ確かめられた。しかし、だからといって、これに示された教如の理念が例外的であったことにはならない。むしろ秘められた教如の理念がたまたま露呈されたとみるのが妥当であろう。

文類正信偈の浄信

『浄土文類聚鈔』には、以上に見た散説段に続いて「念仏正信偈」と題される偈文が収められている。「西方不可思議尊」で始まり、『教行信証』行巻の偈文である「正信念仏偈」と類似しながら、相当に異なっている。相違点の一つが「浄信」であり、『教行信証』の「正信念仏偈」にはこの言葉が含まれていない。教如は『浄土文類聚鈔』に強い関心を持ったのだから、この「念仏正信偈」(以下文類偈という)にも関心をよせたことが当然考えられる。

文類偈と正信偈と比較してみる。正信偈で

摂取心光常照護　　摂取の心光、常に照護したまう
已能雖破無明闇　　すでによく無明《むみょう》の闇《あん》を破すといえども
貪愛瞋憎之雲霧　　貪愛《とんない》・瞋憎《しんぞう》の雲霧《うんむ》
常覆真実信心天　　常に真実信心《しんじん》の天に覆《おお》えり
（二〇四頁）

とある段落に対応する文類偈の文は、

弥陀仏日普照耀　　弥陀仏《みだぶつ》の日《にち》、普《あまね》く照耀《しょうよう》す
已能雖破無明闇　　すでによく無明《むみょう》の闇《あん》を破すといえども
貪愛瞋嫌之雲霧　　貪愛《とんない》・瞋嫌《しんけん》の雲霧《うんむ》
常覆清浄信心天　　常に清浄《しょうじょう》信心《しんじん》の天に覆《おお》えり
（四一〇頁）

である。

第二第三句目はほとんど同文、第一句目は文言が異なるけれど、「摂取心光」という阿弥陀仏の光明を「弥陀仏日」と言い、「常に照護したもう」を「普く照耀す」と言い顕したのである。ここまでは同義といってよいが、第四句目に至って正信偈の「真実信心」を文類偈では「清浄信心」と言い顕している。明らかに『浄土文類聚鈔』での「清浄真実の浄信」、つまり「浄信」が意識されている。信心を真実性よりは「清浄願心の回向成就」という弥陀回向の信心である「浄信」が正面に据えられたのである。

文類偈には正信偈とは文章的に対応しない部分がある。そこに「浄信」という文言が見えている。

必至無上浄信暁　必ず無上浄信の暁《あかつき》に至れば
三有生死之雲晴　三有《さんぬ》生　死《しょうじ》の雲晴る
清浄無碍光耀朗　清浄《しょうじょう》　無碍《むげ》の光耀朗《こうようほが》らかにして
一如法界真身顕　一如法界《ほっかい》の真身顕《あらわ》る
（四一一頁）

「必ず無上浄信の暁に至れば」とこの上なき「浄信」に至るとき、欲界・色界・無色界という三つの迷いの世界を流転する生死から脱却し、清浄無碍の光がほがらかに照り輝き、唯一絶対の真実世界に真実の身を顕らかにするという。「浄信」の境遇は生死の迷いから脱却した境地であるから、浄土往生を定められた正定聚の姿に他ならない。煩悩成就の凡夫がそのままで正定聚に住し、やがて滅度に至れば真如法性の身となる。

このように「浄信」が強調されるのは、正信偈では「邪見驕慢悪衆生《じゃけんきょうまんあくしゅじょう》」が本願を受持する困難性を説くのに対して、文類偈は、

惑染逆悪斉皆生　惑染《わくぜん》・逆悪斉《ひと》しくみな生まれ
謗法闡提回皆往　謗法《ほうぼう》・闡提回《せんだいえ》すればみな往《ゆ》く
（四一一頁）

と、悪逆の衆生の皆往生を説いている。『浄土文類聚鈔』が提婆達多・阿闍世の逆悪の救済

を課題とすることに由来している。教如は、こうした逆悪人の往生に強い関心を持っていたのである。

文類偈の勤行

『浄土文類聚鈔』の「念仏正信偈」は、大谷派では現在は報恩講の日中勤行に用いられている。文類偈がお勤めに使用されたことには、教如の意思が働いているのではなかろうか。蓮如以来、正信偈と共に文類偈もまたお勤めに用いられた事実がある（補註8）。蓮如の息である順興寺実従の『私心記』によると、永禄四年（一五六一）の親鸞三百回御遠忌《ごえんき》では初日から三日目までの晨朝《じんじょう》（朝の勤行）に「御影堂勤、念仏正信偈和讃六首回向」とあり、同年の報恩講では二十六日晨朝に「文類正信偈」というように、朝のお勤めに用いられていたことが知られる。

文類偈の勤行《ごんぎょう》の法式を継承したはずの堀川本願寺では、准如以後に文類偈の勤行が少ない。慶長十六年（一六一一）の親鸞三百五十回御遠忌では、初日の晨朝に「御影堂念仏正信偈六首引」が見えるのみで、二日目からは正信偈に替わり、文類偈は名が見えなくなる（『本願寺史』）。

一方、教如の本願寺では、報恩講や御遠忌の記録など、法式に関する史料が伝えられていないので文類偈の勤行は明らかではないが、寛文元年（一六六一）の親鸞四百回御遠忌（「粟津家記録」）には、初日の日中法要で「文類正信偈、真、念仏和讃、光明月日三首」に始まり、毎日の日中には必ず文類偈が拝読されている。四百回御遠忌に突如として始められたものではなく、現在もそうであるように、毎年の報恩講に用いられたことが前提になっていると考えられる。

教如が『浄土文類聚鈔』に強い関心をもったことが、文類偈を勤行に用いることに帰結したと考えたい。教如は、勤行に文類偈を採用することで、本願寺別立の理念が『浄土文類聚鈔』に基づくことを標榜したのである。

もう一つ追加すれば、教如が名乗った「信浄院」という院号も、この「浄信」に由来するとみてよかろう。本願寺を別立したが、直ちに本願寺という寺号が一般的に認知されたわけではなかったから、東本願寺門跡とか教如上人とかいう名ではなく、同時代の文献には「信門跡」という名で見えることが多い。

六　秘回——理念形成の原点

秘回経路の諸説

教如は、ありのまま、必ず救済という教義を十字名号に托し、その意を持つ和讃を書き添え、さらには『浄土文類聚鈔』から浄信の表象として娑婆ではたらく如来を言外に強く含意している文を選んで掛幅とし、和讃を書き添えた十字名号とセットにして下付した。教如をしてこのように突き動かしたものは何だったか、教如が本願寺別立の理念を求め、ここに行き着いたのはなぜか、と問わねばならない。

石山合戦を戦うなかで教如は、大坂本願寺に籠城《ろうじょう》した門徒の人びとに接した。いや、青年期を大坂寺内で過ごした教如は、そこに立て籠もって信長と戦う門徒の人びとだけしか知らなかったというべきである。

天正八年（一五八〇）閏三月、大坂退去が決まったときの消息（「天正八年信長と媾和及大坂退城に関する文書」）には、

国々の門徒衆中のかせぎ、千万の身命を捨て果たし、今日まで相続せられ候ところ、むなしく成られ

（二〇、閏三月廿八日付、垂髪《すいはつ》中宛教如消息）

と、命を賭して戦った門徒衆の本願寺護持の念願を空しくすべきではないと力説する。

数代の本寺聖人の御座を、彼の輩の馬のひづめにけがされん事、一宗の無念

（一〇、天正八年閏三月七日付、教如消息）

とも。

大坂籠城――抱様《かかえざま》――を宣したのは、聖人御座所の守護が門徒衆の念願であると認識し、その念願を受け止めるのが宗主たる者の責務であると考えていたのであろう。戦いの修羅場にあった門徒衆、その人びとは修羅の姿のままで、必ず救われねばならない、これが教如の思いであり、これがその後の行動の基点となった。本願寺のあるべき理念を構築しなければならない、このように教如は考えたに違いない。

大坂本願寺で籠城を継続し、父顕如に反逆したことで教如は義絶される。大坂籠城を継続したものの、まもなくそれが不可能であると悟って退去し、以後二年間にわたって諸国を潜伏巡回する。この秘められた密やかな所々巡回は、例えば宮部一三氏が「各地を流浪」と表

現したように、「流浪」のイメージで語られてきたが、行く先々から書状を発し、各種御影に裏書を付して下付するなど、門主としての一定の組織的形態を保持しながら各地を潜伏移動していたのが事実のようである。小泉義博氏は、教如には家臣や坊主・門徒が付き従っていたことなどを指摘して、秘かに各地を巡ってという意味で「秘回」という言葉を採用した。越前（福井）六呂師《ろくろし》雲乗寺の寺伝に「教如上人諸国秘回の砌」と見えることに依っている。これに従って「秘回」と表現したい。

小泉氏は教如の秘回のルートを追及して、紀州和歌浦—岐阜誓願寺—美濃郡上《みのぐじょう》郡気良庄《けらのしょう》小倉村—飛騨高山《ひだたかやま》—越前石徹白《いとしろ》—大野郡半原村《はんばら》—富島《とびしま》南専寺・六呂師雲乗寺—越中五箇山《ごかやま》—飛騨白川《しらかわ》という道筋を想定した。しかし、岐阜から郡上にいたる途中の美並村《みなみ》苅安《かりやす》の乗性寺への立ち寄り伝承（宮部一三『教如流浪』）や、同じく加賀白山麓吉野谷《よしのだに》の東谷惣道場（のち願慶寺）に至ったという伝承（『吉野谷村史』）が無視されており、また郡上気良庄—高山—石徹白—半原という路筋の想定がいささか無理であることなどから、再考されねばならない。

美濃から越前へ——遠藤慶隆と金森長近

大坂を退去して紀州鷺森《さぎのもり》の本願寺へ帰ろうとした教如は、それが許されなかったので、身を置く場所を求める必要に迫られる。信長の手の及ばないところでなければならないから、西なら毛利、東なら武田か上杉、これらの大名の下へ逃れることが想定されたのであろうが、なぜかは分からないが東をめざした。武田勝頼か上杉景勝を頼ろうとしたと考えられる。大坂・京都や近江は信長の支配下にあり、通行は避けねばならない。紀州から東に向かうしかないが、『鷺森旧事記』では和歌浦から大和路をたどって岐阜へ向かったとあるように、紀伊半島を横断して伊勢（三重）へ、そして桑名《くわな》から長良川の流域に入り、信長の本拠岐阜へ至った。危険ながらここを通過せねば東へは向かえない。岐阜では、この地に移っていた舟《ふな》橋《はし》願誓寺（現、本願寺派）を頼ったと『鷺森旧事記』は記す。甲州を目指すなら木曾川を遡ることになるが、それでは武田方と対峙する織田軍の中央を突破することになり、大変に困難である。そこで長良川に沿って北上し、中流域の苅安乗性寺（郡上市美並町苅安）に至った。宮部一三氏は乗性寺の寺伝から「飛驒との国境遠藤家門徒を頼って、郡上郡美並村苅安の乗性寺に避難され、四十三日間逗留され、その折、領主の母公には、照用院《（ママ）》支順、十七世照山に西教、十八世慶山には南教の法名を賜わった」としている。

乗性寺は、親鸞に面謁した東胤行《とうたねゆき》が開創した草庵に始まるといい、苅安戸《と》谷《だに》道場と称し、永禄期には東氏末流の遠藤氏の菩提寺になった。宮部氏がいわれるように、遠藤氏や戸谷道場を教如が頼ったというなら、先立って何らかの関係があったことになるが、そのあたりは

判然としない。宮部氏のいう領主の母公などへの法名授与というのは、『美並村史』に収録された寛政年間の住職の記した文書に、

照用院殿釈友順、永禄十丁卯歳七月、右者東六郎左衛門平盛数公奥方、盛数公永禄五年卒去之後、信長公叔父斉藤右兵衛佐龍興之舅永井隼人方江御再縁、埴生太郎左衛門尉高照御附人ニテ岐阜江参、隼人討死之後、教如上人江発心シ、照用院釈尼友順ト改名アル、高照モ西教坊照山トタマハリ、当山十七世庵主トナル

とあることに依拠しているようである。これには、遠藤盛数《もりかず》の妻である照用院釈尼友順は、永禄五年（一五六二）に夫と死別した後に再婚し、さらに死別して教如に帰依したとあるが、右の記述の冒頭の法名の下に記された「永禄十年」がその死去の年であれば、教如帰依はとうてい成り立たない。教如十一歳である。何らかの誤りがあるのであろうが、この記事は遠藤氏と教如の間に早い時期から関係があったことをいうものと解しておきたい。

この地の旧族であり郡上八幡《ぐじょうはちまん》城主であった遠藤氏は、郡上安養寺《あんにょうじ》と関係があったことが知られている。遠藤氏の歴史を綴った『遠藤家御先祖書』には盛数の先代に当たる常慶の時代の天文十年（一五四一）に越前（福井）の朝倉勢が攻め込んできた時、遠藤氏に味方した「安養寺之了淳、末寺門下千余人引率し、油坂において一戦をとげ、敵勢早速攻崩し候」と見えている。また『遠藤記』にも、永禄末年に飛騨から三木《みき》自綱《よりつな》が侵攻した時、「安養寺乗

了」が門下を率いて防戦したとも見える。遠藤氏と安養寺は相当に深い繋がりがあり。それが教如が頼って来る前提になったと考えたい。遠藤盛数の跡は、その息女の婿となった慶隆《よしたか》が継いだ。その甥の娘が安養寺に嫁いでいる。遠藤胤基《たねもと》の娘に「安養寺順了母」、同じく胤《たね》重《しげ》の娘に「安養寺願了母」が見えている。

遠藤慶隆は若年でもあって、郡上支配には相当に苦慮したようである。元亀年間には甲州の武田信玄との連携を模索する。信玄の遠州出陣に当たっては使者を派遣し、信玄は、近々美濃（岐阜）への出馬と返信し、安養寺へも「貴寺両遠藤別而入魂の由、（中略）自今以後ハいよいよ相談有って、その表備えしかるべきように」と、遠藤氏と協力して味方するように要請している。これまた遠藤氏と安養寺が深い関係にあったことを示す。しかし信玄が没すると遠藤氏は信長の配下に加えられる。天正三年（一五七五）の越前一向一揆攻撃には遠藤勢は穴馬《あなま》郷《ごう》七坂から攻め込んでいる。本願寺や安養寺と早くから関係を持っていたにしても、所領保全のためには一向一揆討伐に参加せざるを得なかったのである。頼ってきた教如を庇護するには大変に困難な状況であったことが想像できる。戸谷道場には長く留まることができなかったのも当然であった。しかし思えば、遠藤慶隆は身の危険を冒してまで教如を庇護した。それはなぜなのだろうか。後に考えたい。

郡上の有力寺院である安養寺は、かねて親鸞絵伝の下付を願っていたが、容易に許されな

現在の乗性寺。大坂から退去した教如が東へと逃れ、逗留した（岐阜県郡上市美並町苅安）

八代八右衛門が教如をかくまった教如屋敷跡（郡上市明宝小倉、『教如流転』より）

現在の南専寺。教如は郡上から、大野城下近くの当地に滞在した（福井県大野市富島）

かった。ところが教如がこの地方へ秘回した翌年の天正九年（一五八一）三月二日付で、教如が裏書した親鸞絵伝が下付される。安養寺と教如の連携が成立していた結果である。郡上八幡から西北へ吉田川の上流域の気良庄小倉の八代八右衛門という門徒の所に、教如が山上源大夫と名乗って隠れ住んだと『鷺森旧事記』が伝えることも、安養寺が介在していた可能性がある。

現、郡上市明宝《めいほう》小倉には教如屋敷と称する遺跡が門徒の人びとによって維持されている。『明宝村史』は、教如が隠れ住むのにこの地を選んだ理由を、遠藤慶隆と安養寺の庇護と推測し、戸谷道場からの道筋を想定している。気良川《けらがわ》の小倉の山の尾尻の「オゾ教如屋敷」に記念碑、中畑と牛首に教如休憩所記念碑が建てられており、光明寺（現、本願寺派）には教如書状や着用した金襴菊模様五条袈裟が残されている。

この気良庄から北上して峠を越えれば高山に至ることができる。さらに東に向かえば、平湯《ひらゆ》峠・安房《あぼう》峠のルートで信州松本へ出ることも可能である。また北へ向かえば越中八尾《やつお》へ至って上杉景勝の勢力圏に入ることができる。教如はここで甲州あるいは越後への時期を探っていたのであろう。

しかし、いまだ時期ではないと判断したのであろうか、越前が志向された。いったん郡上へ戻り、白鳥《しろとり》から油坂《あぶらさか》峠の難所を越えて越前に入り、九頭竜《くずりゅう》川上流の穴馬谷の半原《はんばら》で冬を越し、翌天正九年春からは大野城《おおのじょう》下に程近い富島南専寺に滞在する。

「南専寺由緒略記」には次のようにある。

天正八年秋、教如上人飛州高山ニ御潜居遊せられ、美濃より越前石動白村ニ御越へ遊ばされ、同穴馬八ケ村之内、半原村ニ御越年、天正九年の春、拙寺に入御

小泉義博氏の見解では、気良から北上して高山にまで達したが、ここから先へ進むことは困難であったため、反転して越前石動白（石徹白）を経て穴馬谷の半原村に至り、ここで越年した、反転した理由は、越中国内の危険度が高かったからと推測され、この頃越中では柴田勝家・佐々《さっさ》成政《なりまさ》・前田利家勢らが、上杉景勝に派遣された須田《すだ》満親《みつちか》勢と厳しく対抗していたからだと述べているが、問題が多い。

この南専寺の由緒書のいう高山潜居は他に見えないし、美濃から石徹白、そして半原へでは、随分と遠回り、ないしは逆戻りになる。石徹白には教如伝承が残されていないように、ここを経由する必然性がない。注目されるのは教如が越冬した半原は、郡上八幡に移った安養寺のかつての所在地であったことである。安養寺は元来近江蒲生《がもう》郡にあったが、美濃安八《あんぱち》郡大棟、越前穴馬郷下半原《しもはんばら》と移り、さらに遠藤氏の祖である東常縁《とうつねより》の招きで牛《うし》道郷（白鳥町）中西に、天文期には大島村野里と転じていた。半原集落は現在はダムに水没したが、この地の道場の本尊が安養寺に移され、宝物館に安置されている。安養寺の縁によって半原越冬と

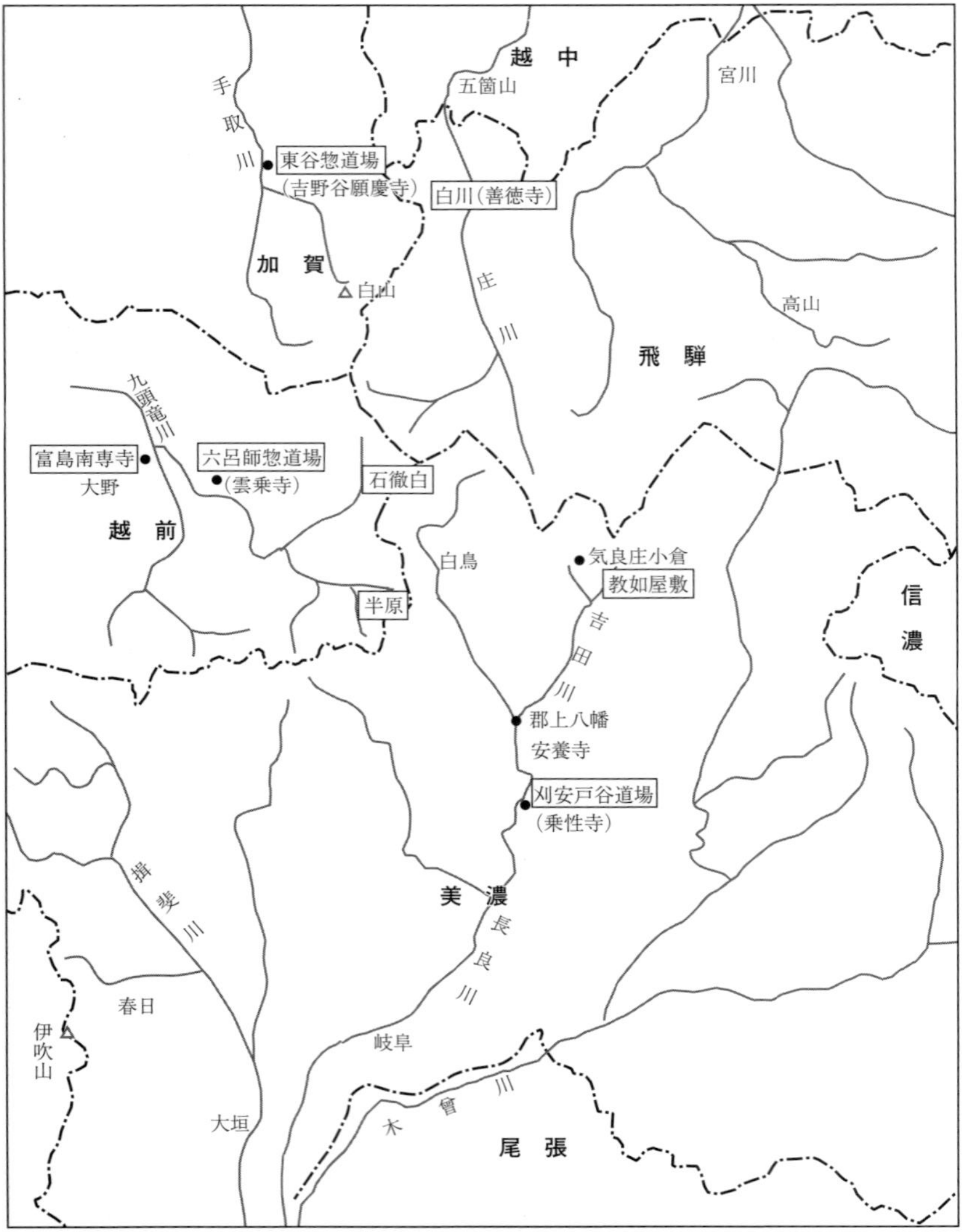
越中
五箇山
宮川
手取川
東谷惣道場
（吉野谷願慶寺）
白川（善徳寺）
加賀
白山
庄川
高山
飛騨
九頭竜川
富島南専寺
大野
六呂師惣道場
（雲乗寺）
石徹白
越前
白鳥
気良庄小倉
教如屋敷
吉田川
半原
信濃
郡上八幡
安養寺
刈安戸谷道場
（乗性寺）
揖斐川
美濃
長良川
春日
伊吹山
岐阜
木曾川
大垣
尾張

教如が秘回した地域

考えることが妥当であろう。

越前大野に教如が滞在できたのは、考えてみると不思議なことである。大野には金森長近《かなもりながちか》が在城している。長近は天正三年（一五七五）に美濃口から越前へ攻め込んで一向一揆を壊滅させ、皆殺しを実行した武将である。一向一揆残党の大将とみなされた教如がその城下にほど近い富島南専寺に居住することがどうして可能だったのであろうか。ここでも郡上遠藤氏が関わっている。

「室町様」という遠藤慶隆の娘は、「金森出雲守室」と注記されていて、長近の養子可重《ありしげ》に縁付いた（『遠藤家御先祖書』）。

天正八年慶隆の息女ヲ越前大野金森氏へ祝言せり、此縁組の義ハ、先達て越前一揆の時、金森、大野の城主となりしに、郡上とは近国の事故、別て入魂ニ有べしとて相談、其節ニ極りし事とぞ　（『遠藤記』）

というように、天正三年の越前攻めの時に約束されて天正八年に祝言となった。まさに教如がこの地に至ったときに、遠藤・金森同盟が成立していたのである。その縁が教如を越前に向かわせる契機となったのであろう。

遠藤慶隆も一向一揆を攻めた武将でありながら、なぜか教如をかくまった。慶隆は長近を説得して教如支持に逆転させたのではなかろうか。一向一揆討伐の武将であった金森長近が、一転して教如に心を寄せ、その黙認の下に南専寺居住があったとしか考えられない。後に茶人としても有名になる長近は、秀吉のお膝元で千利休《せんのりきゅう》の茶会などで教如と親しい関係を持つことになる。

遠藤氏は郡上土着の武将であったが、勢力が安定しない。信長の支配下にありながら武田信玄に組したり、一転して信長配下として越前一向一揆討伐に加わった。郡上八幡城を保持するには、有力者と手を組むしかなかったのであるが、その後、教如がこの地に秘回してくるとこれを庇護した。それもまた遠藤氏の自己保全の策で、教如を支える門徒衆の力、それを引き付ける教如の威勢を目の当たりにして、密かに教如を庇護することで在地門徒衆の支持を得ようとしたのであろう。金森長近までも引き込むことで、教如を庇護した遠藤氏は安泰となる。一方の金森は入部した大名であって、固有の支持基盤をもっていたわけではないから、かつては敵対した真宗門徒、一向一揆であっても、支持をとりつけることができるなら、信長に隠れて教如を滞在させることもいとわなかったのであろう。徹底的に弾圧しようとした越中の前田利長との違いがここにあった。織田軍団の武将たちにとって、新たに入部した地の支配を有効にするには、弾圧するか取り込むかであった。美濃では、遠藤氏が教如を庇護することで門徒を支配に取り込もうとしたのであろう。

手取谷・五箇山と一向一揆

教如は越前大野で天正十年の春まで一年を過ごす。その間に六呂師の道場へ足を延ばし、雲乗寺という寺号を下している（『大野市史』）。今はスキー場もある高原の地で、小泉氏は避暑であったと推測するが、そうではなく、もともと木《き》地師《じし》の集落である六呂師から、山の民の道筋で、加賀の山内《やまうち》庄手取谷を志向したと考えるべきであろう。

手取谷の中流域の吉野谷の東谷惣道場での滞在伝承（『吉野谷村史』）が注目されてくる。山内惣道場宛の慶長九年（一六〇四）の裏書をもつ教如寿像、文禄四年（一五九五）と伝えられる親鸞影像が現存し、教如との関わりを伝える寺伝は一定の根拠をもっているとみなければならない。山内庄は、天正八年（一五八〇）に加賀一向一揆の本拠であった金沢御堂が陥落した後も抵抗を継続し、一時は奪われていた鳥越城《とりごえじょう》を取り戻すなど、侮りがたい勢力を維持していた。教如はこれに注目した

現在の雲乗寺（福井県大野市南六呂師）

のであろう。教如が天正九年ないし十年春までに山内に入ったとなると、『宇野主水日記』天正十年三月五日に記された次の記事、

加州山内モ、彼一揆等取出テ、及一戦、則キリマケテ、三月一日落居云々、生捕数百人、ハタモノニアゲラルト云々

が注目されてくる。教如が山内に入ったのと前後して一向一揆が蜂起し、織田軍と戦って敗れ、虐殺された。吉野谷と尾添谷の七カ村は三年間無住の地となったと伝えられる。

先に、教如は秀吉から「大敵」といわれたこと、それは教如を一向一揆残党の大将と見做すに等しいと述べたが、天正十年までの秘回中の教如はたしかにそのような一面を持っていた。小泉氏が、教如が五箇山へ移動することを踏まえて「一向一揆勢を指揮することが目的」、「武田勝頼を後方から支援すること、これこそが教如の一向一揆蜂起命令の目的」（一〇八～九頁）というのもその見解である。これらに従えば、大坂で幾万の門徒衆が身命を賭して戦ったのを見、さらにその後も、虐殺される門徒衆の悲惨を目の当たりにしたことになる。教如が指令したか否かは別にして、教如は行く先々で起こった一向一揆を目にして、門徒衆にいかに応えるかという思いを、いよいよ強くしたに違いない。

教如は次に白川郷から五箇山に姿を現す。越中城端《じょうはな》の善徳寺の由緒書には天正十年三月下旬に潜入して十余日滞在と記されていること、上杉景勝の書状に「五箇山辺に至り御下

向」とある（『越中真宗史料』）ことがその根拠である。善徳寺滞在なら越中城端に至ったことになるが、小泉氏は、当時善徳寺は飛騨にあった、多分白川であろうと推測して白川滞在をいう。そこから五箇山は遠くないから、景勝書状のように五箇山にまで足を延ばしていた可能性がある。越中東部や五箇山に勢力を残存させていた上杉景勝を頼ろうとしたのであろうか。

先にみた南専寺の由緒にいう石徹白経由は、あったとすれば多分この時のことである。富島南専寺から穴馬谷に入り、途中で西北に向かって石徹白に至り、油坂を下れば白川への道へでる。ここでも遠藤氏・金森氏とのかかわりがあった。石徹白の地侍である彦右衛門は遠藤盛数の妹を妻としている（『遠藤記』）。石徹白彦右衛門は金森長近が一向一揆討伐に越前へ侵入した時に道案内をつとめ、以後長近の下で参謀的役割を果たした人物で、遠藤・金森両家と深く関わっている。教如も、石徹白彦右衛門を縁としてこの道をたどったのであろう。

ところがこれに先立って、天正十年二月から織田軍の甲州攻めが開始され、飛騨方面からは金森長近が大将となり、遠藤勢もこれに従って進撃していた。教如は先を越されてしまい、反転を余儀なくされる。山内庄や白川・五箇山へ向かったのはそのためであろう。しかしその通路もまた袋小路となった以上は、さらに方向を転じなければならない。近江から安芸へ、あるいは播磨滞在という伝承は、天正十年の春以降のことと判断したい。

そうした、まさに流浪状態に陥ったときに、一大事件が起こった。上杉景勝への書状（年不明十月二十二日付、「本誓寺文書」）で教如は、「既に発足候と謂えども、路次たやすからず、途中遅々の処、天下不慮出来候」と、どこかを目指している途中で「天下不慮」が起こったと記している。これが本能寺の変をさすことは、その次に「然れば叡慮として家中合体の儀仰出され」とあって、顕如との和睦が朝廷によって命じられたとあるから、義絶のとかれた天正十年に間違いがない。「天下不慮」とは本能寺の変であり、信長の死によって、教如の秘回は終わった。

七　教如の出遇った道場真宗――理念の意味

道場地域

教如の秘回をたどってきたのは、その道筋には寺院がほとんどなく、道場が中心となって信仰相続がなされていた地域であることに注目したいからである。

そもそも江戸時代以前において、真宗地帯といえども村々に寺院があったわけではない。美濃での立寄り地と思われる苅安乗性寺にしても、寺号を名乗るのは寛永八年（一六三一）で、当時は「苅安戸谷道場」と称していたことは前にも述べた。越前六呂師雲乗寺の寺伝（『大野市史』）にも、逗留した教如が寺号を付したといい、「諸人随順し、帰依崇敬して惣道場と称す」とあって、村の惣道場であった。

教如が越年したという半原は、越前の水源とも言うべき九頭竜川の最上流にあり、ここから大野平野に出るまでの穴馬谷には、千葉乗隆氏（『中部山村社会の真宗』）によれば二十六の集落に十九の道場が存在していた。

寺院はもとより、寺号をもつ道場もなく、絵像本尊が大部分（一部木仏）で、脇にほとんどが蓮如か実如の六字・九字・十字名号を安置している古い真宗門徒地帯である。「創設期の道場は、おそらく内道場式のもので、民家の一郭に本尊を安置する簡単なものであり、それがやがて独立した別棟の道場を持つことになった」（一四六頁）。「村の有力者の家に設けられ、その家の主人が自ら道場役となる場合が多かった」（一五六頁）。道場役に現在は得度者はいないが、江戸時代にはかなり多く、「道場における宗教行事の執行と道場の管理、および村民の年忌葬儀等を司った」（一五七頁）。朝五時に太鼓を打ち、喚鐘を鳴らし、正信偈と御文でオアサジを勤め、各家から必ず一人が参詣した。夕べには晨朝と同じお勤めがあり、仏飯は持ち廻りの当番が供える（一五八頁）。穴馬には九カ同行、六カ同行などと呼ばれる門徒集団が組織され、「地域社会に密着した集団として、いわば宗教的村落共同体とも称すべき」（二一九頁）と千葉氏は評している。

こうした様相は、越中五箇山でも同様で、寛延三年（一七五〇）の「道場しらへ之事」では三十八道場が書きあげられ（同前、一八八～九一頁）、この他に名実共に寺院として成立していたのは行徳寺（赤尾道宗遺跡）と西勝寺だけであった。

加賀白山麓の山内庄と呼ばれた手取谷の村々でも同様である。手取谷の中流域の旧鳥越村では、二十九の集落に「四ケ寺があるが、（中略）すべて道場の昇格したもの」であり、全部でどれだけあるのか道場の数は報告されていないが、村々で寺号を名乗る道場が「山号寺号を公称するようになるのはずっと後世になってからで、室町・戦国時代の本願寺の下部機構は、ほとんど名号・絵像を安置する村落の道場であった」（『石川県鳥越村史』）。寺号を持つものの一つの別宮妙観寺は西谷二十六ケ村惣道場を称する故に寺号を名乗っていた。旧尾口村《おぐち》では、江戸以前には寺号を有する寺院は存在せず（例外が一）、九の集落に十六の道場があった（『石川県尾口村史』）。先に教如はお内仏用に十字名号を下付したのではないかと推定したが、これらの道場のかなりの数が有力門徒家の内道場で、その仏間もお内仏程度のものであったから、これら内道場に掛けられたと見てよい。

旧尾口村と旧吉野谷村の地域には東谷惣道場があり、後に願慶寺を称し、教如逗留伝承を持っていることは先に述べた。最上流の白峰《しらみね》村には十一カ寺があるが、白山系から転宗したという林西寺以外はすべて江戸期では道場であった（『白峰村史』）。

飛騨地方に関しては、柳田國男が「毛坊主考《けぼうずこう》」で紹介した『笈埃随筆《きゅうあいずいひつ》』の記事が早くから有名である。

当国に毛坊主とて俗人でありながら村に死亡の者あれば、導師と成りて弔ふなり。訳知らぬ者は、常の百姓よりは一段劣りて縁組などせずと云へるは、僻事なり。此者ども何れの村にても筋目ある長百姓として田畑の高を持ち、俗人とは云へど出家の役を勤むる身なれば、予め学問もし経文をも読み、形状物体筆算までも備らざれば人も帰伏せず勤まり難し。（中略）四箇寺は（中略）寺号を呼ぶと謂も、住持は皆俗人にして別名あり。（中略）三人は寺号無ければ何右衛門寺又は何大夫寺と称し、同じく亡者を弔ひ先祖の斎非事をつとむ。

江戸時代にはこの地の道場、その役を務める毛坊主の様相が、千葉氏が紹介した穴馬谷の道場に重なることが知られよう。

地域信仰共同体――生きる意味の場

教如が秘回した地域は、今に残る無寺院道場型の真宗地域であった。教如の出遇った門徒衆は道場を中心に日常的信仰生活を営む人びとであったことを意味する。ではそれが、教如の理念形成といかに関わるのか。

柳田が紹介したように、道場を営む在俗の門徒のことを毛坊主とも呼んだが、それは僧という専業宗教者が生まれる以前の形態だったことを意味している。僧俗一体未分離の状態である。僧俗一体とか未分離という言い方自体が、僧と門徒が別になった江戸時代以降の状態を前提にして言われることで、俗人がそのままの姿で僧の役を務めるという意味での「非僧非俗」というあり方が、江戸以前では通常であり、真宗という信仰集団が元来そのような様相であったことを示す。教如が「非僧非俗」と言ったのはこの意味を含んでいる。親鸞の「非僧非俗」との混同を避けるために、ここでは僧俗一体、僧俗未分離と呼ぶことにしたい。

毛坊主と呼ばれた道場主は、いま見た『笈埃随筆』の記事や穴馬谷の道場主に関する千葉氏の見解のように、村の有力者であった。五箇山の場合、このことを天文二十一年の十日講連判状に見ることができる。合計八十七人が連署して十日講を結んでいるのであるが、「名前や花押からして、名主層に属する村の有力者が多いようである。（中略）ここに署名した人たちの中に、後に各村の道場主となっているものが多い」（千葉乗隆、一八八頁）という。同じく十日講連判状を検討した井上鋭夫氏では、十日講の五箇山惣中は「村殿・殿原（名主・在家）と見られる身分層によって構成されている」（『一向一揆の研究』、二〇三頁）、その村殿とは「室町期に館と城を構える地頭の下で、屋敷と小屋をもち、殿原百姓（屋敷所有者）を直接掌握するもの」で、「正作地と請作地における下人労働と名子夫役で経営を行なう点では、百姓的要素が濃厚で、殿原＝長百姓と同一次元に立ち、年貢負担者として荘園領主・地頭と対抗関係を持つ。しかし小屋（城）を構え、郷村共同体（惣）の頂点に立って、名主百姓を支配する点では、領主の萌芽的性格をもっている」（同前、一九九～二〇〇頁）と規定している。分かりやすく言い換えれば、武家領主と百姓の中間に立つ小領主で、自らも農業経営を行っている地侍である。柏原祐泉氏もまた近江の湖北十カ寺教団の構成者は「地侍名主的性格」（『日本近世近代仏教史の研究』、二八頁）とみている。近江の地の真宗門徒もまた、教如派の有力な一群である。これら道場主の地侍が、そしてその道場に結集する門徒衆が、有力な教如支持者であった。

道場型の真宗門徒衆が教如支持者であった今ひとつの例証を西美濃の山間部にも見ることができる。関ヶ原合戦の直前に、教如は関東へ下向して家康に会見する。その帰途に石田《いしだ》三《みつ》成《なり》の手勢に追われ、西美濃の門徒衆に匿われ、伊吹山《いぶきやま》の北を越えて脱出することができた。教如は長良《ながら》川畔墨俣《すのまた》から森部光顕寺と移動し、ここで十五カ村二十カ寺で組織された土手《どて》組《くみ》（土についた手、すなわち農民の集団の意味）に匿われ、十九人の門徒が殉難する助力によって大《おお》垣《がき》の北方の西円寺に逃れ（宮部一三『教如流転』）、さらに春日谷（柏川谷《かすがわだに》）に至る。その後、慶長十一年（一六〇六）にこの地の門徒衆「粕川谷惣中」に教如寿像が下され、以後八カ寺が輪番となって教如命日に因む五日講が営まれている。これら八カ寺も当時は道場であった。そのもう一筋北の日坂川の谷にも、同じく慶長十一年の教如寿像を捧持する北山十日講があり、これまた同様の性格の道場群であると考えられる。ここから伊吹山の北尾根の峠をこえれば湖北十カ寺教団と呼ばれる道場地域である。

石山合戦に参加し、その後も教如支持を続けた門徒衆とは、基本的にこのような僧俗一体未分離の道場主を核にして、地域信仰共同体を形成していた門徒集団であったとみてよい。教如はその秘回で、こうした門徒集団の姿を目の当たりにしたのである。村共同体の結集の中核に道場があり、真宗信仰があった。煩悩にまみれた人と人との繋がりが、如来の真実清浄の信心を賜って「浄信」の人びとの共同体となった。門徒の人びとはここを生きる場としていたのである。念仏しながら田畑を耕し、朝夕道場につどって報謝の念仏を称える場であり、石・瓦・礫のごときわれら、罪悪深重《ざいあくじんじゅう》の底下の凡夫と自覚した門徒衆がその姿のままで救われる場であった。その念仏の姿が浄信であり、生きる意味を生み出した。

詳しくは後に見るが、道場型の地域信仰共同体は、兵農分離、僧俗分離という権力の政策によって、さらにはその背後に進行する歴史の進展によって、切り崩されていった。一向一揆、あるいは石山合戦は、切り崩される地域信仰共同体を守る抵抗運動であったとも言いうる。歴史の進歩に従って兵農分離を進めるのが権力の政策なら、それに抵抗することは歴史の進歩への反逆である。道場型真宗は歴史の進歩に対する反逆者となる。それが反逆者教如を生み出したともいえよう。

教如が「尽十方の無碍光は」という和讃書き添え十字名号を下したのはこうした地域信仰

共同体の中核にあった道場に対してだったのであろう。和讃書き添え十字名号の典型が加賀能美《のみ》郡の宗圓寺（門徒）所蔵のものであることを見たが、宗圓寺の前身は能美郡直参十八道場と呼ばれる道場群の一つで、高堂村惣右衛門宗円道場と呼ばれていた。

新吉雄氏という郷土史家がこれらを歴訪し、詳しい調査記録を残している。それによれば、「直参道場」とは他国に例のない本山直属の道場で、十八あり、本尊は方便法身像で顕如より賜った（一カ所のみ教如より）のは、石山合戦に参加した故と伝え、手取川と梯川の中間に密集して所在している。一集落に五つの道場がある所もあって、各道場は独自の門徒を持ち、道場主は得度の既未によらず僧形で、直参道場衣帯をゆるされ、一般道場の上の格式で「直参道場之留守居」の肩書を持ち、「道場のおやっさま」と呼称され、集落で四～五軒の上流資産家にあたる、おおむね以上のような報告がなされている。穴馬谷や五箇山の道場主毛坊主と何ら変わらない様相がうかがわれ、山間部のみならず、加賀の平野部でも真宗門徒のあり方は道場中心の地域信仰共同体を形成していた。

右の新氏の報告では、現宗圓寺である高堂村惣右衛門道場には、蓮如名号三幅と宗祖御影が安置とされているが、十字名号があることが記載されていない。他の十八道場にも十字名号は見出せない。和讃書き添え十字名号が道場へ下付されたであろうと仮説したが、修正する必要が起こった。四百回忌法要記念の教如展が企画され、その出陳品を調査するうちに、かつて図録に宗圓寺蔵とされていたが、実はそうではなく宗圓寺「門徒蔵」と訂正された。在家門徒の家に伝来していたのである。和讃書き添え十字名号は、道場ないしは在家門徒のお内仏に下付されたことになろう。しかし道場が独立建物ではなく、通常の民家の仏壇が道場の仏堂になったような、いわゆる内道場形式であれば、小型の十字名号で充分である。つまり、このような内道場や在家お内仏の本尊の脇掛として下されたのが十字名号であると、厳密にはこのような意味になろう。今後新たな教如十字名号が発見されることを確信している。

八　教如教団の形成

郡中御影——坊舎なき御坊

加賀能美郡は、右のような道場の展開と合わせて、教如の理念を考えるに重要な地域である。ここには「郡中御影」と称される教如が下付した親鸞御影と顕如御影が伝来されている(『新修小松市史』)。親鸞御影は文禄四年十月に「加州能美郡四日講惣道場」に宛てられたもので、教如下付の親鸞御影として最初のものである。また顕如御影は同年八月に「加州能美郡四日講」宛で、教如下付のものとしては六番目に古いものである。このこと自体、教如がこの地域を重視していたことを示すが、最初とか古いということ以上に、「郡中御影」と呼称されるこの両幅の宛所が能美郡「四日講惣道場」「四日講」であることが重要な意味をもっている。「四日講惣道場」とあるから、どこかに所在する特定の道場を指すように思われるが、そのような名称を伝える道場も寺院も実在しない。また「四日講」という名称もこれが初見である。いったい誰がこれの下付を願い出、どこへ下されたのであろうか。

能美郡には蓮如期に成立した「四講」という講がかつて存在していた。一向一揆の組が郡内に四つあったことから、その連合体の講であろうと推定されてきた。『天文日記』には、年貢や報恩講志を毎年本願寺に上納していた記事が見える。その後のある段階から史料にその名が見えなくなる。おそらく、郡中御影の宛所の能美郡四日講は、この消滅したかに思われる「四講」の後身と意識されたものではなかったかと推測している。そうであれば、この四日講は能美郡坊主門徒全体が結集した講で、山内衆の手取谷地域もこの時期には能美郡に含まれている。そのように四講の後身と考えてみても、中心となって御影下付を願ったのが

加州能美郡四日講惣道場宛、親鸞聖人御影
左、裏書（石川県小松市　勧帰寺保管、
『石川縣銘文集成』より）

加州能美郡四日講宛、顕如御影
左、裏書（石川県小松市　勧帰寺保管、
『石川縣銘文集成』より）

何者かはまったく分からず、御影がどこへ安置されたのかも不明である。

先に見た直参十八道場の存在がそれとの関わりを示唆している。江戸時代には、この御影は十八道場を巡回し、その御影を掲げて説教が語られたことが知られている。またその保管をめぐって小松寺庵騒動という事件が起こり、その結果、現在に至るまで小松教区の共同保有となって勧帰寺が保管し、毎年郡中御影報恩講が小松の有力寺院が持ちまわりで会場となって勤まっている。寺庵騒動のことを記した小松称名寺の『明和六年烏兎記』という記録には、「能美郡御真影の儀は、先々より御坊同事に相心得」という文言が見えていて、能美郡中御影はすなわち能美御坊、すなわち本願寺能美別院であると意識されていた。御坊とは本願寺親鸞御影の地方御座所であり、親鸞御影を安置し、その下に結集する地域信仰共同体を表象する場である。浅香年木氏『北陸真宗教団史論』は、郡中御影を「伽藍なき御坊」と規定した。これに倣って「堂舎なき御坊」と呼びたい。一定領域の坊主衆門徒衆が、親鸞御影の下に結集する場、それが御坊なのであるから、特定の堂舎がなくても、共同で捧持する親鸞御影があれば、その所在する場が御坊なのである。

加賀能美郡には、手取谷にも平野部にも道場が展開していた。それらは地域信仰共同体として自立しながら、一方で有力寺院の下道場として組織されていた。手取谷の道場は、多くは現在小松に所在する勧帰寺・本覚寺・本光寺や金沢専光寺の下道場であった。十八道場が直参を強調するのはそれらとは異なるという主張である。三河では、上宮寺・本証寺・勝鬘寺のいわゆる三河三カ寺が中心となって、一円的に教如方を形成したのであるが、この地もまた三カ寺下の道場中心の地域信仰共同体が形成されていた。永禄の一向一揆後の真宗禁制と追放にもかかわらず維持されていた。柏原祐泉氏が「永禄一揆を戦った三カ寺の各百カ寺に近い末道場との結合関係はその後も維持され、それらの村道場と門徒農民の結びつきは、その頂点にたつ三カ寺を通じて、石山本願寺ないし教如の「抱様」を支援するに充分な財力を提供したのである」（『日本近世近代仏教史の研究』、三五頁）といわれるのがそのことを示している。三河でも教如教団が道場を中心にして構成されていた様相を知ることができる。

これらの例のように、有力寺院が各々配下に道場を持っているから、三河とか能美郡とかいう地域ごとに統合的に結集させることは難しい。三河では一家衆である本宗寺が一国を統べることに対して三河三カ寺が対立するという構造が生まれている。形ある御坊を開けば、地元有力寺院との対立が生まれかねない。そこで地元有力寺院を統べて地域全体のまとまりを促すものが、能美郡の場合は特定の堂舎をもたない堂舎なき御坊としての郡中御影であった。近江では、近江湯次方《ゆすきほう》が共同所有する教如寿像（慶長六年）には「坂田郡惣道場」という宛所が裏書され、また「浅井郡湯次方直参惣中」という宛所の顕如影像（慶長九年）が下されている（図録『湖北真宗の至宝と文化』）のも同様な意味と理解される。湯次方は浅井《あざい》郡・

坂田《さかた》郡から美濃に及ぶ二十カ寺と同行組合二カ所の結合体であるから、ここでは教如寿像と顕如御影がその結集のシンボルとなって、加賀能美郡の堂舎なき御坊と同じ意味をもつことになったのであろう。湯次方大講が教如命日の十月五日に持ち回りで勤められた。教如寿像と顕如御影は僧俗一体の地域信仰共同体の象徴としてあった。

御坊開設と真向御影

湯次方二十カ寺と同行組合二カ所は、元来は湯次誓願寺の下道場・下寺であった。上寺の誓願寺が准如支持に回ったことに反対して教如方を標榜し、その傘下から自立し、湯次方として結集した集団である。上寺を持たない自立集団であるから、これを「坂田郡惣道場」として組織するのが教如寿像と顕如御影の下付であった。堂舎なき御坊であったが、そこから一歩踏み出し、大村刑部なる郷士の土地寄進によって、やがて五村御坊という堂舎が開かれた。こうして教如は、自派に結集した地域自立集団を統括する機関として御坊開設を推進する。ただし加賀能美郡のように、多くの道場を傘下に持つ有力寺院が数カ寺存在し、道場や門徒衆の教如支持を受け止めて教如方に参加したから、これら有力寺院を従えるような御坊を開設することは、いたずらに摩擦を引き起こす恐れがあって、堂舎なき御坊のままに留められた。

教如は次々と積極的に御坊を開設した。それはこれまで見てきたような、道場を中心とする地域信仰共同体の集団を、直接に、あるいはそれらを傘下に持つ有力寺院を媒介にして、統括しようとするものであった。〈本寺—道場〉という結集を基本とし、本寺の分肢である御坊が地域の道場群を統括する〈本寺—御坊—道場〉という形態を構想し、一方で有力寺院の存在する地域では〈本寺—有力寺院—道場〉という形も考えられた。教如が構想した教団のデッサンである。その核となる本寺として、本願寺別立が必然とされた。

御坊は聖人ご座所本願寺の分肢であらねばならない。その意味で下されたのが真向御影《まむきのごえい》である。一般の寺院や道場に安置された親鸞御影は向かって左向で、中央の本尊阿弥陀如来の方に向かい、参詣の人びととともに聴聞している姿だが、御坊に安置された御影は真正面を向いた姿で、阿弥陀如来と共に法を説く姿である。

真向の親鸞という姿は、そもそも親鸞絵伝に描かれた大谷廟堂の親鸞木像がそうであったし、廟堂である本願寺の親鸞木像もこの姿をとる。三代覚如の子の存覚《ぞんかく》の京都常楽《じょうらく》寺には、椅子に座する花の御影と呼ばれる真向の親鸞影像があって、これが絵像としては最初のものである（『真宗重宝聚英』）。このような絵像はその後作成されなかったが、蓮如の時に、寛正法難によって近松顕証寺に避難させられた根本御影を、山科本願寺に迎えるに当たって、その身替わりとして下付されたと伝える真向御影が作成された。文明九年（一四七七）の蓮如裏書があって西本願寺に所蔵され、「根本等身御開山御影」と呼ばれる（『図録蓮如上人余芳』）。これに次いで古いのは信州本誓寺所蔵の御影で、裏書に「真向御影」、元亀三年（一五七二）とある（図録『東本願寺の至宝展』）。第三は、本願寺別立に当たって迎えられた上野《こうづけ》（群馬）廐

「真向御影」絹本着色親鸞聖人像
（群馬県前橋市　妙安寺蔵、群馬県立歴史博物館写真提供）

橋妙安寺の「聖人自作御寿像」（木像）の身替りとして教如が下付した真向御影（図録『親鸞と妙安寺』）、この三点だけで、遺品はきわめて少ない。

祖像ご座所守護がご開山様への報謝であるとして大坂籠城継続を主張したのが教如であった。そのためには、大坂にご開山様が残されねばならなかった。祖像を残してほしい、せめて頭部だけでも、あるいは身替わりの祖像でもいいと教如は懇願したが、しかし与えられたのは、毫摂寺旧蔵の祖像の首だけで、胴体は破却された。「まことに無仏世界と申すべきか」と教如は歎いた。このことは「伝記編」に記した。これでは籠城は継続できない。秘回を経て義絶を解かれて本願寺に戻った教如は、ようやく祖像と共にある日々を過ごすことができた。そして門主の座を継いで、念願の祖像守護の役を務めることになったが、一年を経ずにその座を追われる。しかし本願寺内の北の御所に住まって、祖像から離れることがなかった。その一方で、上野厩橋の妙安寺に親鸞寿像といわれる木像があることを知って、本願寺への献上を求め、慶長五年（一六〇〇）には木像の代わりとなる親鸞絵像を下付する。これが真向御影の実質的初現である。妙安寺祖像は慶長八年正月に、教如が新たに開いた烏丸《からすま》の本願寺に安置される。教如はようやくにして、守護すべき祖像の下に住する念願を果たすことができた。そしてこの時に身替りに妙安寺に下された様式が採用されて真向御影が、各地の御坊に下されることになった。

真向御影絵像は「等身之御影ト申」し、「木像ノ御真影ヲウツサレタルヲ云。真向之御影トモ申也」（『法流故実条々秘録』）と記されているように、本願寺の根本木像を写した絵像である。根本御影が生身の御影ともいわれ、如来の応化、生まれ替わりとして、あたかも生身のように観念されたから、等身御影は生「身」に「等」しいという意味合いをも持つ。慶長六年に大津御坊が開かれた時に「等身御開山様御影」が下された。「大津御坊記録」には「聖人之御骨を絵具に加えて」図画された「日本に二幅の御影」と記されるのは、本廟の祖像が骨肉御影といわれるのに倣ったものである。慶長二年に金沢御坊の再建に当たっても「只今等身之御開山様移置候」（『金沢専光寺文書』）と教如が加賀・越中の坊主衆門徒衆に告げているのも、これも同じ意味合いをもっている。

教如は全国に十七の御坊を開いた、あるいは関連したとされている。そこには、未確認ながら、すべて真向御影が下付されたはずである。御坊開設には、教如の教団編成への思いが関わっている。御坊は本願寺の生身のご開山祖像が地方へ動座してのご座所なのである。近世教団は真向御影ご座所である御坊を核として地域的に編成されるが、この体制を創出したのが教如であった。

九　僧俗分離――埋没する理念

刀狩――兵農・僧俗分離

教如の教団理念であった僧俗一体の地域信仰共同体の行方を見ておかねばならない。

未分離一体なのは、僧と俗だけではなく、村殿とか地侍と呼ばれ、武士であり同時に農民であるような、兵農未分離一体が戦国期までの地域社会の様相である。それを解体し、地侍を城下に集住させて兵士とし、常備軍団を創設したのが織田信長で、秀吉政権に引き継がれて兵農分離策が推し進められた。天正十三年に、紀州の根来雑賀《ねごろさいか》一揆を鎮圧したあと、

在々百姓等、いまより以後、弓箭・鑓・鉄砲・腰刀等停止せしめ訖、しかるうえは鋤・鍬等農具を嗜み、耕作をもっぱらにすべきものなり

と、農民の武具所持を禁止し、農具を所持して耕作に専念することを命ずることで、武具を

所持する侍と農具の百姓とを明確に区分しようとした。それを全国的に展開したのが天正十六年の刀狩令で、百姓の武具所有を禁じ、

一、取りおかるべき刀、脇指、ついえにさせらるべき儀にあらず候の間、今度大仏御建立の釘かすがひに仰付らるべし、然れば、今生の儀は申すに及ばず、来世までも百姓たすかる儀に候事

一、百姓は農具さへもち、耕作専に仕り候へば、子々孫々まで長久に候

というように、建立中の大仏へ結縁することで、現当二世安楽を保証する政策を打ち出した（朝尾直弘『大系日本の歴史』）。天下人秀吉は百姓の武具所持禁止を、現世のみならず来世まで安穏を保証する大仏によって、さらには自身を神格化して大仏を従えることで成し遂げようとしている。兵農分離が真宗地帯では地域信仰共同体としての真宗門徒集団、それが一向一揆であるが、その解体に向かい、武器をもたない百姓となった門徒衆の来世を、本願寺に代わって秀吉が保証しようとするものであった。この刀狩令を教如が知らなかったはずがない。後に再考する。

兵農分離は、僧俗一体の地域信仰共同体においては僧俗分離となる。天正十三年の根来雑賀一揆鎮圧における兵農分離命令と同時に、高野山にも法度が下され、寺僧は武具所持を禁じられ、学問、仏事に専念することが命じられた。真宗教団とか本願寺に対してこのような

武具禁止令が出されたわけではないが、城下町が建設され、農村に居住していた侍をここに集住させると、村々で道場を営んでいたような村殿や地侍も、武士として村を離れるか、さもなければ武具を捨てた農民にとどまって道場を営むかの選択を迫られる。

兵農分離、僧俗分離政策は、侍、農民、僧侶という身分を確定する政策でもある。各身分にはそれぞれ職分と役が定められた。侍は天下を治めるという職分と役を担うもの、農民は耕作に専念する職分で人びとを養う年貢を納める役、僧侶は国家安泰を祈念し、人びとに除災安穏の利益を与え、それぞれの職分に専念するように導き、死後の往生極楽を保証する役である。それぞれの身分に職分が指定され、それを通じて役が課せられるという身分制度の形成へ向かう。一向一揆地帯の大名は、地侍や農民が同時に僧でもあった道場型の地域信仰共同体を解体し、一向一揆の基盤を掘り返す。僧分として門徒と異なる身分となるか、僧分たることを放棄して百姓身分となるかの選択を迫られた道場主のうちから、農を捨てて僧となる道を選ぶ者が現れ、道場の寺院化が始まる。僧俗一体から専業の坊主分が分離して寺号を獲得して僧侶身分になっていく。山間部ではこれが進行せず、江戸期を通じて僧俗一体道場型が残された。越前・加賀・越中・美濃・飛驒国境山間部に道場が残った。それとともに、道場は寺院になれなかった遅れたものだという観念が生まれた。道場は地域信仰共同体に密着した存在であるのに対して、寺号を獲得して寺院となり、そこに住する僧侶となることは、農工商身分の門徒から切り離されて、僧侶という別身分になることであった。

坊主身分と役

僧俗分離の具体的様相はいまだ十分に明らかにされていないが、坊主身分の形成に関する加賀藩の事例が知られる。慶長二年（一五九七）の越中の真宗道場への触《ふれ》に、坊主分に「年頭御礼、綿五拾把」と「京都御広間御番」という役儀が課せられているものがあり、真宗僧侶が坊主分という独自な身分として把握されたことを示す。『能登阿岸本誓寺文書』によれば、能登では慶長十五年の「其郡惣坊主衆御礼儀として銀子拾匁」と坊主分に独自な役儀が課せられたことが知られる。慶長十六年には「尚以道場坊主役儀之事」という鳳至郡本誓寺並惣坊主中宛の文書には、前田氏支配下の加越能三国に共通して坊主分に「前ニ仰付られ候役儀」があり、坊主分は「棟帳ニは付け候へ共、何も役儀を相除かれ候」とあって、坊主分は村々の百姓を付け上げた棟別帳に記載されるが、百姓の役儀からは除外すると規定され、明確に百姓と区別されて、坊主分は別の役儀を負担する者であるとされている。ただし「田地相抱候坊主」もいて、「田地役儀仕まじきと申坊主分これ有」と、耕作から分離していない坊主分が百姓身分の役儀を逃れようとしていることが知られて、僧俗分離はいまだ不徹底であった。坊主身分に課せられた独自な役儀は、能登では正月に箸を献上する箸役と夏の掃除番役で、銀子で代納され、その請取状が本誓寺には多数残されている（大桑斉「坊主役と坊主身分」）。

江戸期を通じて寺院化が進められ、僧侶が続々と生み出された。幕藩権力はこれら寺院僧侶を一つの身分に編成して新たな役を課した。宗旨人別帳に寺院僧侶がキリシタンではないことを証明する寺請がそれで、これが制度化されるためには、僧侶身分が確定されねばならないから、各藩は寺院台帳を作成し、これに記載された者が僧侶身分とされた。寺院台帳に登録された僧侶身分を、所属する本寺本山ごとに編成したのが宗派であり、教団である。門徒をも構成員とするように錯覚されているが、江戸期の宗派や教団とは、僧侶身分の宗派別集団を意味している。宗旨人別帳の上で門徒は手次寺に所属するように表記されているが、それはキリシタンではないと証明をなしたのが僧侶身分のものであることを明らかにすることであって、教団構成員という意味ではなかった。こうして地域信仰共同体は解体され、寺院僧侶身分とそれ以外の身分の門徒との関係として再編成されたのが寺檀関係である。

一〇　理念の行方

教如寿像

教如の事蹟で特徴的な事柄をもう一つ付け加えねばならない。教如は実に多くの寿像を下付している。実見したのは少数に留まるが、各種の展覧会図録、自治体史史料編、地方真宗史の著述や研究書、それらに付された裏書集などから拾い集めると七十余点になる。この数は、実に異例といわねばならない。

寿像が多い蓮如でも、『蓮如上人行実』の一覧表では十五点、他に親鸞との連座像十三点が見えるが、それは寛正三年（一四六二）から明応七年（一四九八）までの三十七年間のことであるから、教如のそれが慶長六年（一六〇一）から十九年までの十四年間であることを知れば、いかに多いかが分かる。寿像下付は教如方への結集のシンボルとして、教如教団の形成には不可欠であったであろう。

一方寿像は、現に生存している宗主の姿の写しで、宗主その人同様に崇敬を求めるものでもある。異様に多い寿像下付は、教如が本願寺門跡として自らに生き仏のごとき崇敬を求めたことになる。教如寿像には、僧綱襟《そうごうえり》を立てた色衣に五条袈裟を着した、いかにも本願寺門跡という姿のものがある。例えば金沢専光寺（慶長六年）・城端善徳寺（慶長七年）など御坊に匹敵する地方有力寺院へ下付されたもので、明らかに地方有力寺院を本願寺門跡の御座所として権威付けるものである。ここには、確かに門跡教如がいる。教如を支えた宗主意識は門跡意識となった。朝廷権威に繋がり、その一翼を担う門跡となることで生き仏観念となってゆく。

けれども、これらはいわば例外的で、黒衣墨袈裟の教如寿像が圧倒的に多い。非僧非俗とまではいえないにしても一念仏者の像ともいえそうで、絵相だけでは権威的な宗主意識を示すとはいえない。教如方としての結束した寺院に、目に見える形に表した褒賞であった。後にもう一度考えたい。

教如が『浄土文類聚鈔』に傾倒したことを先に見たが、寿像にもこのことが関わっている。『浄土文類聚鈔』の「念仏正信偈」（文類偈）の讃文を記したものが残されている。慶長十一年（一六〇六）、加賀の諸江正覚寺へ下付されたもの（図録『一向一揆』）には、文類偈を特徴付

色衣五条袈裟の教如寿像
（善徳寺蔵、『城端別院　善徳寺史』より）

黒衣墨袈裟の教如寿像
（慶長６年、湯次方蔵、長浜市長浜城歴史博物館写真提供）

ける「必至无上浄信暁」に始まる四句が添えられている。同じ讃文が七尾市西休寺所蔵にも見られる（『新修七尾市史』）。教如寿像だけではなく、慶長十六年に教如が裏書した越前吉崎惣道場宛の蓮如影像（東本願寺蔵）にもこの讃文がある。しかし、すでに早くは文明十三年（一四八一）大坂浄照坊の法円絵像に蓮如がこの讃文を書き添えた例（図録『大阪の町と本願寺』）が知られ、教如の独創とはいえないようであるが、しかし教如以前にはごく限られたものでしかなかった。教如寿像も「樹心弘誓仏地流念難思法海」という『教行信証』後序の文や、「弘誓強縁多生叵値真実浄信」以下の『教行信証』総序の文が書き添えられたものが多く、これらはいわば歴代御影の讃文に通例のものであった。それに加えて文類偈文が選ばれたのは、やはり教如が『浄土文類聚鈔』の「浄信」のタームを、さらにはその語を含む文類偈を重視したことの現れと見做すことができよう。

権力者神格化と生き仏

寿像に見る本願寺宗主であり門跡であるという教如の側面、それは親鸞ご座所護持という意味での宗主意識の表出であったが、江戸時代に本願寺門跡が生き仏となってゆく起点となり、さらには現代にまで大きな影響を残し、宗主意識が本願寺紛争の問題点となったことは記憶に新しい。教如を論ずるときの大きな課題であるが、それは教如という人物個人を越えて、戦国から近世へと移るときの宗教問題からの視点で考えねばならない。

織豊・徳川三代の権力者は、信長が神になろうとし、秀吉が豊国大明神《ほうこくだいみょうじん》、家康が東照大権現《とうしょうだいごんげん》という神に祀られた。それに対抗したはずの本願寺門跡もまた生き仏となった。教如の神格化がなされたわけではないが、その後の歴代門跡が生き仏と見做された淵源的な位置に教如がいる。

それなら教如は権力者の神格化をいかに見ていたのであろうか。語るべき手がかりが何もない。権力者神格化を知らなかったのであろうか。大坂本願寺で戦っているとき、教如はその相手が神になろうとしていることを知らなかったのであろうか。そうであるなら、近世国家成立史の議論において、代表的研究者である朝尾直弘氏が、信長の生前自己神格化は一向宗の来世往生保証に対抗して「今生と来世を支配する宗教的イデオロギー」(『大系日本の歴史』)と見做したのは、生き神信長が対抗した当の相手の教如の預かり知らぬところでのことになる。

でも、秀吉が刀狩を令して百姓の現当二世安穏保証を宣言したことを、教如が知らなかったとはいえまい。当時、本願寺新門跡教如は秀吉の膝下にあって、有力大名たちの茶会にたびたび同席していて、いわば政権の中枢にいたのである。刀狩令の文言では、大仏が現当二世を保証し、秀吉自身が後生を保証したのではないが、それであっても同じことで、人びとの現当二世を大仏が保証し、それを秀吉が布告したのだから、尽十方無碍光如来として娑婆で人びとの全救済にはたらく阿弥陀仏の権威を超える新たな神が出現したのであり、それを認めるならば、大坂本願寺での戦いが意味を失い、真宗が成り立たなくなる。

京都東山に建立された大仏の前で、文禄四年（一五六一）から千僧会《せんそうえ》が始まった。教如退隠の翌々年のことである。公家の山科言経《ときつね》の日記九月二十五日条にはその様相が記された。

大仏経堂にて　太閤《たいこう》より御母儀大政所御父母栄雲院道円囲儀等御弔として、八宗に仰付られ法事これ有り、昔より八宗にこれ無き分にこれ有る間、新儀に先真言宗（割注略）、天台宗（同）、律僧、五山禅宗、日蓮党、浄土宗、遊行、一向衆等也、一宗より百人つつにて済

（『言経卿記』）

秀吉が父母菩提のために新たに設定した八宗の僧、各百人を出仕せしめて法要が営まれたのである。一向衆とあるように、本願寺もまたこれに参加することが求められた。当初は毎月二十五日と隔月二十九日に早朝から八宗が交替で一日かけての法要であったが、秀吉没後の慶長四年（一五九九）からは秀吉追善として八宗出仕は四・六月のみで、それ以外は月番制となる。教如本願寺成立以前のことであるから、出仕した一向衆は堀川本願寺であった。教如もまた出仕を望んだが、叶わなかったと『法流故実条々秘録』に見える。

右法事、八宗の次第等相定められ候、則東御門跡教如上人、東西両家、替々御出候様、色々お望みの由ニ候へ共、秀吉太閤御在世の時、当家本寺に定め置かれ候に付き、御望叶わざる由候

これを傍証する史料もなく、教如本願寺が大仏千僧会に出仕を望んだかどうかは明確ではないが、教如は豊国大明神となった秀吉に抗することがなかったようである。政権に奉仕する仏教としての新儀の八宗に本願寺も組み込まれ、教如もその近辺にたたずんでいる。

家康が死後に東照大権現となった時には教如もまた没していて、そのこと自体は知りえなかった。しかし家康は生前から、例えば駿府城に諸宗の僧を招いて法論させ、仏教を統括する絶対王権である転輪聖王に自らを擬した（大桑斉「近世国家の宗教性」）ように、神格化へ向かってのさまざまな試みがなされていた。東本願寺を別に開いた後のことになるが、それを教如が知らなかったとは言えない。しかし教如には、そのような権力者神格化への対応の形跡が見えない。この沈黙がやがて本願寺門跡の生き仏化への起点になった。

生き仏観念には宗主・門跡意識が根底となる。大坂抱様や義絶、各地秘回において、教如は宗主意識を支えとしていた。義絶の身でありながらの「大谷本願寺釈教如」の裏書がそれを示していた。この段階での宗主意識は、本願寺門跡である父顕如への反逆であるが、親鸞祖像とそのご座所本願寺の正統な護持者という意識による反逆であった。退隠に追い込まれ

てからも宗主活動を継続したが、それは退隠せしめた権力者秀吉への反逆であったはずであるが、秀吉が禁圧を令して弾圧に向かうと、その反逆は権力に向かうのではなく、本願寺嫡男としての正統性の主張となって、弟准如への反逆、というよりは家督争いとなって矮小化されてしまう。祖像のご座所本願寺護持者が宗主であるという主張なら、その限りにおいて宗教的正統性を持っていよう。しかしそれが本願寺という家の家督の正嫡という意識となれば、それはもはや宗教的正統性を持ちえない。ここから貴種本願寺の血の道での正統性を主張する争いとなって、より高貴な血を受け継ぐ生き仏への出発が始まる。

本願寺を別立した教如は、本願寺門跡の御影としての寿像を下し始める。色衣五条袈裟の像にそれが鮮明であるが、黒衣墨袈裟像は一沙門のごとき姿を示して権威性を表に出さないにしても、逆にその意味での親鸞の血統を伝える貴種となって、一派の宗主として結集の中核に座し、やはり生き仏への道につながっていった。宗主意識、正嫡意識は、教如の反逆の拠点であり、同時に躓《つまづ》きの石であった。

烏丸本願寺の位置

教如に新たに与えられた本願寺の寺地が、なぜ烏丸の六条と七条の間だったのか、ということも考えられねばならない。秀吉が本願寺を京都に復帰させたときに与えた堀川七条（と六条の間）の地は、東山の山麓に造営された大仏と東西一直線上で向き合う位置にある。権力が宗教的民衆救済の看板としたのが大仏であり、やがてその背後の阿弥陀ヶ峰《あみだがみね》に秀吉が豊国大明神となって鎮座するから、それと向き合うことで、本願寺は権力神の民衆救済を援護する役を与えられたのである。東の大仏と西の本願寺を結ぶラインが境界線となり、洛中を神聖都市とし、異界である洛外と区別する機能を果たした。（大桑斉、前掲）。

烏丸七条の地は、豊国大明神と堀川本願寺という権力的民衆救済ラインの真ん中に位置する。ここに本願寺が別立されることで、堀川本願寺は豊国大明神との関係を切断され、堀川本願寺を従えた烏丸本願寺が豊国大明神と対峙し、堀川通の北にある徳川権力の拠点二条城がこれを支える、という構図となる。家康がこう考え、語ったという史料があるのではなく、教如がこのような構図を知っていたという確証もないが、そのことを知らず、悟らずということも言えない。むしろ理解していて当然であろう。大坂に教如が開いた本願寺も、最初の渡辺の地から転じて現地へ移される（後の難波別院）が、それが大坂城、豊国大明神の居所と東西の一直線上で向き合う位置であったことは、決して偶然ではない。何も知らされなかったにしても、教如はそこに権力の意志を読み取ることができたはずである。これをなしえなかったこと、あるいは承知しつつも、これを無視したことが、やがて大きなツケとなった。

東本願寺派の僧侶身分の本山としての本願寺を、近世国家の宗教装置の一つとしてリンクすることにつながった。その結果本願寺門跡は生き仏となる。

加賀の三代前田利常《としつね》は、門跡の行列に拝跪《はいき》する門徒衆をみて、初めは「こじき坊主めを何と拝み申し候や」と反発したが、すぐに「さてさてだれも成るまい、生き仏とは門跡の御事」（『御夜話集』）と感歎したのである。江戸の世界には、東照大権現と生き仏本願寺門跡という巨大な神がいることになった。色衣五条袈裟の門跡の姿と黒衣墨袈裟の一沙門の姿、この両面を持つのが教如であったことを見失ってはならない。後者が教如の理念の表明であったが、やがて埋没し、前者が肥大してゆく。

地下水脈となって

石山合戦から教如の存生中の頃には、兵農分離・僧俗分離はまだ徹底されたわけではなかったけれども、確実に進展して社会発展の大きなうねりとなっていた。地域信仰共同体に生きる門徒衆が一向一揆となって戦ったのは、このうねりへの抵抗であった。石山合戦が敗北に終わり、残存した各地の一向一揆も殲滅され、解体への道を歩まされた。一向一揆という反逆は、社会発展への反逆であり、それが反逆者教如への結集を促し、教如もまた門徒衆に呼応して反逆者の道を歩んだ。しかし、秀吉政権から反逆者の烙印を押されて追放され、一向一揆の蜂起も途絶えるに至って、反逆の術は失われていく。本願寺正嫡を主張し、それに依拠して本願寺を別立するしか道は残されなかった。教如はその理念を保持する最後の拠点として本願寺を別立したのである。

江戸期に入ると、真宗でも寺院が増加する。けれども、寺号を獲得しても依然として村の道場としての性格を失わないものも多く、寺号を持つことなく道場として存続するものも少なくなかった。以前に比すれば薄れたとはいえ、地域信仰共同体の様相が保持されていた。そこでは教如の教団理念が、地下水脈として流れ続けていた。寺院に住した僧侶にはこれが明らかに見えなかった。

現代に至って真宗大谷派は同朋会運動を提唱した。「家の宗教から個の自覚へ」、「独立者の共同体」形成というスローガンだけ見れば、信仰近代化運動であるかに見えるが、実は地下水脈となっていた教如理念が噴出したのではなかったのか。同朋会運動の個の自覚による独立者の共同体とは、帰命尽十方無碍光如来として如来が娑婆にはたらき、そこに、開かれた如来回向の浄信によって自立した念仏者が、地域信仰共同体としての同朋会に結集する姿を暗示している。教如の理念から出発し、江戸から明治に地下水脈となった流れが、再び地上に溢れ出た、このように見ることができる。慈悲の家としての本願寺が別に創設されたのは、本願寺の別立とか分立というよりは、真宗が復興する拠点を開いたという意味で、本願寺再興というべきであろう。

阿闍世教如

教如の生涯は、かの『観無量《かんむりょう》寿経《じゅきょう》』に説かれた阿闍世《あじゃせ》と重なると、序章で述べておいた。そのイメージが充分に伝えられたかどうかは心許無いが、反逆者としての教如を語ったつもりである。反逆し、悪逆者とされた者も必ず、そのままで救われる、これが本願寺の教えでなければならない。このような意味で本願寺は慈悲の家であるという理念を心に秘めていた教如、これを語ったつもりである。自分だけではなく、身命を投げ捨てて親鸞ご座所護持に努めた門徒衆が、そのままで、必ず救われねばならない、というのが教如の思いであった。

教如の秘回道筋に関して利用した『鷺森旧事記』は、江戸期に堀川本願寺側から書かれた書であるが、ここには教如を阿闍世になぞらえる記述が見える。教如が大坂退去後に安芸仏護寺に宛てて支持を訴えた書状について、この書状は「ヒトヘニ阿闍世王ノ五逆罪ニ過タリ」と、教如が親に背いた不孝をあげて阿闍世になぞらえ、また本能寺の変後に教如が和解を求めたときに母堂がとりなして、「阿闍世、大王逆害ヲナシタマイシニヨリテ」と『観経』の王舎城《おうしゃじょう》の悲劇を取り上げ、「阿闍世ノ逆害ニヨリテ（中略）謗法闡提廻心皆往《ほうぼうせんだいかいしんかいおう》ノ御釈文アリ。新門《しんもん》今廻心アラハ、ナトカユルシ給ハサルヘキヤ」と言ったとするのは、教如が父殺しの阿闍世と見做されていたことを示す。これが事実というのではない。筆者が感じたような教如阿闍世観が江戸期にも行われていたということを、教如自身も阿闍世を身近に感じていたという推定の傍証としてあげたまでである。

反逆の自己認識、反逆者阿闍世としての教如の自己認識、それが教如の反逆を担保した。兵農分離・僧俗分離、地域信仰共同体解体という歴史発展を、仏法に敵対するものと見做しての反逆、第六天の魔王を自認して仏法に敵対する信長への反逆、新たな神となろうとする秀吉への反逆、それらに同調して自分を勘当した父親、退隠へと追い込んだ母親への反逆、それらが阿闍世教如の自己認識となったのである。

阿闍世の逆悪には提婆達多の逆害が背後にあった。繰り返しになるが、提婆達多も阿闍世も「権化の仁」であるという『教行信証』の総序の文が教如の思いに激しく応答したと思う。『浄土文類聚鈔』の天親菩薩の「浄信」、曇鸞大師の往還二回向の利他他利の宣布の文言が強く教如を引き付けたのは、ここには「権化の仁」という文言こそないが、「調達《じょうだつ》、闍王《じゃおう》、逆害を興ず」、「達多《だった》・闍世《じゃせ》、博《ひろ》く仁慈《にんじ》を施《せ》し」とあることによるのではないかと想像する。弥陀が娑婆にはたらく姿である帰命尽十方無礙光如来の名号、その光明に照らされ包みこまれた姿である「浄信」、これを強調する『浄土文類聚鈔』、教如は己の救いと門徒衆の救い、いや一切衆生の救いを、慈悲の家として本願寺を再興する理念として据えたのであった。

❖補　註❖

■補註1（100頁）　諸仏の家、如来の家

『教行信証』行巻に次のように見える。

「般舟三昧および大悲を諸仏の家と名づく、この二法よりもろもろの如来を生ず。」この中に般舟三昧を父とす、また大悲を母とす。（中略）家に過咎なければ家清浄なり。（中略）この菩薩、この諸法をもって家とするがゆえに、過咎あることなけん。世間道を転じて出世上道に入るものなり。「世間道」をすなわちこれ「凡夫所行の道」と名づく。（中略）この心をもって初地に入るを「歓喜地」と名づく、と。（中略）初地を得已るを「如来の家に生まる」と名づく。（中略）この家、過咎あることなし。かるがゆえに世間道を転じて出世間道に入る。ただ仏を楽敬すれば四功徳処を得、六波羅蜜の果報を得ん。滋味、もろもろの仏種を断たざるがゆえに、心大きに歓喜す。

「般舟三昧」という諸仏を目の当たりに見る安らかな境地、これを父とし、仏の大いなる衆生済度の慈悲を母として、一切の如来が生まれてくる、という。つまり、一切の

如来は、人々に安らかな境地を与えようという大悲から出現した、ということになる。そのような諸仏の住まう家には過ちがなく清浄であり、故に世間のありかたが、そのまま出世道となる。これが第一段階の初地で、ここに至ることができれば、大いなる喜びをうることができる。このような世間道を転じて出世間道に入るという「初地」に至ることが「如来の家に生まる」とされる。

易行院法海『十住毘婆沙論易行品筌蹄録』(『真宗大系』第五巻)に、

菩薩初地に至れば必ず仏果に至る身となりて如来に成るに違いなき故初地を生如来家　と云ふ。是は吾祖の意は他力行者の正定聚の利益とす。(中略)他力の行者が般舟三昧の弥陀の名号と大悲の光明との光明名号父母の因縁に由て信心を生じ、正定聚に住すれば仏になるに違いなき故に光明名号を直に如来家と釈する論文と御覧なさるゝ

とあるのが、的確な解釈であろう。

■補註2(113頁)　証如裏書の六字名号に和讃

それには、「弥陀の名号となえつつ」(浄土和讃冒頭)、「尽十方の無碍光は」(曇鸞和讃一八)、「釈迦弥陀は慈悲の父母」(善導和讃一三)、「弥陀大悲の誓願を」(正像末和讃五三)の四首が左右に二首ずつに分けて書き添えられている。四首をまとめて意味をとれば、第一首で念仏の信心の人は憶念の心によって仏恩報謝の姿となることが顕され、第二首

で尽十方無碍光如来の破闇に歓喜し必ず滅度に至ることへの報謝が説かれ、第三首では釈迦弥陀の慈悲方便によって信心発起せしめられ、第四首で弥陀大悲の誓願への信は時処を問わない念仏となる、というように、如来大悲がはたらいて信心を差し向けられて必ず救われることへの報謝の念仏、それが南無阿弥陀仏という六字名号であると説かれている。六字名号の称名念仏は如来の慈悲による救済決定への報謝であるとして、名号を和讃で讃嘆するという様式になっている。

■補註3（114頁）　御文くずしの名号

小松市正賢寺の六字名号には、「名号を有名无実に聞にあらす善知識にあふておしへをうけて」と向かって右に書き添えられ、中央に大きく南無阿弥陀仏、その下に「を南無と」と書き、左脇へ移って「たのめは必阿弥陀仏のたすけ玉ふといふ道理なりこれを経に信心歓喜ととかれたり」と記した異例の様式のものである。「御文くずしの名号」と呼ばれるように、記されたのは御文一帖目第十五通の文をアレンジした文である。

■補註4（114頁）　願泉寺の六字名号

草書体の六字名号で、向かって右脇に「弘誓強縁多生難値真実浄信　憶劫叵獲遇獲信心遠慶宿縁」とある。『教行信証』総序の文に似ているが、ここで「遇獲浄信」とあるところが『教行信証』では「遇獲行信」であって異なり、『浄土文類聚鈔』の文である。さらに左脇には「七十地に年はひとつもあまれとも　いつをかきりの世にはすまし」と和歌が記され、蓮如の花押が据えられている（本願寺史料研究所監修『蓮如上人展　蓮如上人五百回忌記念』共同通信社、一九九七）。教如の和讃書き添え十字名号に直接結びつくものではないが、名号に文を付記することでは、教如の先例となる。

■補註5（114頁）　光教寺の教如筆の大幅六字名号

天正十五年に秀吉が九州に出陣したとき、陣中見舞いに下向した教如がこの寺に宿泊し、宗像まで案内したとき、宿の主の懇願によって書かれ、後に光教寺の宝物となったと伝えている。六字名号の両脇に二行ずつ「一念にわか往生は治定そとおもハは弥陀の浄土へそゆく」、「他力そとすすめ給へるおしえこそわかはからひのいらぬなりけり」と記され、教如花押が据えられている。教如の和歌かと思われ、他に類例を見ない。十字名号書き添え和讃とは異なり、一念に往生治定、他力には計らい不要と、六字名号を解く内容である。

■補註6（118頁）　蓮如の正信偈文

蓮如が「本願名号正定業」以下八句を記した掛幅は、碧南市願随寺（86・0×34・7、『蓮如上人余芳』94）・小松市正賢寺（96・4×32・0、図録『一向一揆』43）・小松市光玄寺（96・1×33・7、同上53）などに、「能発一念喜愛心」以下八句を記したものは、海南市了賢寺（103・6×36・6、『蓮如上人余芳』95）・福井県永平寺町本覚寺（91・7×34・4、図録『蓮如上人展』49）などが知られている。他に「如来所以興出世」以下八句なども多数に上る。

■補註7（121頁）　慶長七年版本『浄土文類聚鈔』

慶長七年版本は真宗聖教全書では准如開版本としているが、問題がある。佐々木求巳氏『真宗典籍刊行史稿』では、『浄土文類聚鈔』龍谷大学蔵の版本に、

右斯文類聚鈔者為末代興隆板木開之者而已

慶長七年壬寅年極月日　（准如花押）

という刊記があって、准如の開版とされてきたが、この「「准如花押」は押込み刊記であるから、証判のないのが普通の型であろう」と述べ、准如開版説に疑問を呈している。龍谷大学本は未見であるが、同刊記で准如花押のある大谷大学博物館所蔵本の一本（宗甲5）では、刊記と准如花押は巻末に貼付された別紙に墨書されていて、後に追加されたことが明らかである。また、同博物館の別本（宗丙200）の刊記はあるが准如花押はない。この両本は全く同じ木活字本である（佐々木求巳氏は製版とみている）から、准如花押のないのが普通として誤りない。

刊記の本文は、慶長四年に教如が開版した『正信偈三帖和讃』の刊記と同文であり、さらにそれは、文明四年に蓮如開版本の刊記を継承するものである。これを勘案すれば、『浄土文類聚鈔』慶長七年版本は、本願寺宗主としての開版と考えざるを得ないから、その限りで准如の可能性は排除できないが、本文に述べたように、祖像を迎える慶長八年正月の直前であるから、それを機に教如が開版した可能性がきわめて高い。教如の判

がない理由は定かではない。

■補註8（131頁）　文類偈の勤行

蓮如の十男の願得寺実悟の記録『山科御坊事并其時代之事』（『真宗史料集成』第三巻）に、山科本願寺の南殿での蓮如忌日には持仏堂に「蓮如御影かゝり、三具足灯台おかるゝ。念仏正信偈三首、回向は世尊我一心にて候」（十六条）とある。この「念仏正信偈」が文類偈である。また蓮如の三十三回忌までの年忌には「正信偈は常の也、御堂は念仏正信偈たるゆへ也」（十八条）と、御堂で文類偈が勤められていたとある。報恩講にも用いられたのではないかと思われるが明らかにできない。

❈ 参考文献一覧 ❈

《伝記編　教如という生き方》

一　青年教如の像

『耶蘇会士日本通信』上（駿南社、一九二八）
『言継卿記』第三（続群書類従完成会、一九六六）
フロイス『日本史』（松田毅一、中央公論社、一九七八〜一九八二）
『石山軍記』（『通俗日本全史』第二十巻、早稲田大学出版部、一九一三）
『紫雲殿由縁記』（『真宗全書』第七十巻、国書刊行会、一九七六）
「教如上人消息」（『真宗史料集成』第六巻各派門主消息、同朋舎、一九八三）

二　大坂拘様は父子密計か

辻善之助『日本仏教史』第七巻近世之一（岩波書店、一九六〇）
『石山軍記』（前掲）

金龍静『富山県史』通史編2中世（第四章、第一節、一九八四）
「天正八年信長と媾和及大坂退城に関する文書」（『続真宗大系』第十六巻、国書刊行会、一九七六）

三　天正八年閏三月

「天正八年信長と媾和及大坂退城に関する文書」（前掲）

四　祖像をめぐって

「天正八年信長と媾和及大坂退城に関する文書」（前掲）

五　「流浪」する教如

『多聞院日記』（『続史料大成』三教書院、一九三六）
『叢林集』（『真宗史料集成』第八巻、同朋舎、一九七四）
「天正八年信長と媾和及大坂退城に関する文書」（前掲）
『本福寺跡書』（『真宗史料集成』第三巻、同朋舎、一九七七）
「教如上人消息」（前掲）
『本願寺表裏問答』（『真宗全書』第五十六巻、国書刊行会、一九七六）
『東本願寺家譜』（東京大学史料編纂所写本）
柏原祐泉「本願寺教団の東西分立」（『日本近世近代仏教史の研究』平楽寺書店、一九六九）

「南専寺文書」（『大野市史』寺社文書編、一九七八）
『岐阜県史』史料編古代・中世一（一九九九）
青木馨「三河本願寺教団の復興と教如の動向」（『中世仏教と真宗』吉川弘文館、一九八五）

六　甲斐・越後をめざす

「天正八年信長と媾和及大阪退城に関する文書」（前掲）
「教如上人消息」（前掲）
『本誓寺由緒通鑑』（井上鋭夫『一向一揆の研究』吉川弘文館、一九六八）

七　一年間の門主継職

『貝塚御座所日記』（『続真宗大系』第十六巻、国書刊行会、一九七六）
『宇野新蔵覚書』（『続真宗大系』第十六巻、国書刊行会、一九七六）
『言経卿記』五（『大日本古記録』、岩波書店、一九六七）

八　関ヶ原の役と東本願寺の分立

柏原祐泉「本願寺教団の東西分立」（前掲）
『神田徳本寺由緒秘録』（『校註　教如上人御伝記』法藏館、一九三九）
桑原博愛編・刊『教如上人遭難顛末』（一九三〇）
『宇野新蔵覚書』（前掲）

「教如上人消息」（前掲）
『言経卿記』（前掲）
『御湯殿の上の日記』（『群書類従』補遺、続群書類従完成会、一九三四）
『慶長日件録』（『史料纂集』続群書類従完成会、一九八一）
『駿府記』（『史料雑纂』続群書類従完成会、一九九五）
『本光国師日記』（続群書類従完成会、一九六六）
『時慶卿記』（本願寺所蔵）

教如をあらしめたもの

『宇野新蔵覚書』（前掲）

《理念編　東本願寺を生み出したもの》

一　理念なき本願寺別立論

辻善之助『日本仏教史』第七巻近世之一（岩波書店、一九六〇）
真宗大谷派教科書編纂委員会編『教団のあゆみ—真宗大谷派教団史—』（真宗大谷派宗務所

出版部、一九八六）
藤島達朗『本廟物語―東本願寺の歴史―』（真宗大谷派宗務所出版部、一九八四）
真宗大谷派教学研究所編『教如上人と東本願寺創立―本願寺の東西分派―』（真宗大谷宗務所出版部、二〇〇四）
名畑崇『教如上人』（満福寺、一九九五）
大田浩史「教如上人と大谷派樹立の精神」（『教化研究』150号、二〇一二）
『大谷嫡流実記』（『真宗史料集成』第七巻、同朋舎、一九七五）

二　教如派弾圧　三　本願寺は慈悲の家

土井了宗・金龍教英編『越中真宗史料』越中資料集成別巻1（桂書房、一九九七）
土井了宗・金龍教英編『目でみる越中真宗史』（桂書房、一九九一）
『宇野新蔵覚書』（『続真宗大系』第十六巻、国書刊行会、一九七六）
『金沢市史』資料編13寺社（一九九六）
『御夜話集』上（石川県図書館協会、一九七二）
『真宗聖典』（東本願寺出版部、一九七八）

四　和讃が書き添えられた十字名号

図録『一向一揆と加賀門徒』（真宗大谷派小松教区、一九八八）

図録『大阪の町と本願寺』（毎日新聞社大阪本社、一九九六）
小泉義博『本願寺教如の研究』上下（法藏館、二〇〇四、二〇〇七）
図録『岡崎教区の法宝物』（真宗大谷派岡崎教務所、二〇〇七）
図録『南無阿弥陀仏―浄土への道（平成十六年特別展）』（大分県立歴史博物館、二〇〇四）
「五尊御裏幷御免状」（『越中真宗史料』越中資料集成別巻1、桂書房、一九九七）
『新修小松市史』資料編9寺社（二〇一〇）
田代俊孝『『唯信鈔文意』講讃―選択と唯信―』（東本願寺出版部、二〇〇九）
寺川俊昭『親鸞の信のダイナミックス』（『寺川俊昭選集』第七巻、文栄堂、二〇〇九）
早島有毅「本願寺蓮如の名号本尊と戦国社会―十字名号を素材として―」（『京都市歴史資料館研究紀要10』一九九三、のち『蓮如大系』四、法藏館、一九九六）。
草野顕之「寛正の法難の背景」（『戦国期本願寺教団史の研究』法藏館、二〇〇四）
青木馨「三河本願寺教団の復興と教如の動向―石山合戦終結をめぐって―」（『中世仏教と真宗』吉川弘文館、一九八五）
『図録蓮如上人余芳』（浄土真宗本願寺派、一九九八）

五　聖教文言掛幅

図録『南無阿弥陀仏―浄土への道（平成十六年特別展）』（前掲）

真宗大谷派教学研究所編『教如上人と東本願寺創立―本願寺の東西分派―』（前掲）
宮部一三『教如流転』（叢文社、一九八六）
『真宗聖教全書』二宗祖部（大八木興文堂、一九四一）
佐々木求巳『真宗典籍刊行史稿』（伝久寺、一九七三）
広瀬惺『『浄土文類聚鈔』に学ぶ』（真宗大谷派宗務所出版部、二〇〇四）
「教如上人消息」（『真宗史料集成』第六巻　各派門主消息、同朋舎、一九八三）
『寛政重修諸家譜』第十七（続群書類従刊行会、一九六五）
『私心記』（『真宗史料集成』第三巻　一向一揆、同朋舎、一九七九）
『本願寺史』第二巻（浄土真宗本願寺派宗務所、一九六八）
「粟津家記録」（大谷大学博物館所蔵）

六　秘回

「天正八年信長と媾和及大坂退城に関する文書」（『続真宗大系』第十六巻、国書刊行会、一九七六）
宮部一三『教如流転』（前掲）
小泉義博『越前一向衆の研究』（法藏館、一九九九）、同『本願寺教如の研究』上下（前掲）
「雲乗寺寺伝並諸記録」（『大野市史』社寺文書編、一九七八）

『吉野谷村史』史料編（前近代）（二〇〇〇）
『鷺森旧事記』（『大日本仏教全書』132、名著普及会、一九八一）
『美並村史』通史編上巻（一九八一）
『遠藤家御先祖書』『遠藤記』（『郡上八幡町史』史料編一、一九八五）
『明宝村史』（一九九三）
「南専寺由緒略記」（『大野市史』社寺文書編、一九七八）
『宇野主水日記』（『真宗史料集成』第三巻一向一揆、同朋舎、一九七九）
土井了宗・金龍教英編『越中真宗史料』越中資料集成別巻1（前掲）
「本誓寺文書」（井上鋭夫『一向一揆の研究』吉川弘文館、一九六八）

七　教如の出遇った道場真宗

『大野市史』社寺文書編（前掲）
千葉乗隆『中部山村社会の真宗』（吉川弘文館、一九七一）
『石川県鳥越村史』（一九七二）
『石川県尾口村史』第2巻資料編2（一九七九）
『白峰村史』上巻（一九六二）
『笈埃随筆』（『日本随筆大成』第2期12、一九七四）

井上鋭夫『一向一揆の研究』（吉川弘文館、一九六八）
柏原祐泉『日本近世近代仏教史の研究』（平楽寺書店、一九六九）
宮部一三『教如流転』（前掲）
新吉雄「能美郡直参道場」（『加南地方史研究』２〜４・５・７号、一九五八〜一九六三）

八　教如教団の形成

『新修小松市史』資料編９寺社（二〇一〇）
『天文日記』（『真宗史料集成』第三巻一向一揆、同朋舎、一九七九）
『石川縣銘文集成』経巻・佛書編（北国出版社、一九七三）
『明和六年烏兎記』（称名寺誌編纂委員会、一九九三）
浅香年木『北陸真宗教団史論』（能登印刷出版部、一九八三）
柏原祐泉『日本近世近代仏教史の研究』（前掲）
図録『湖北真宗の至宝と文化』（長浜市長浜城歴史博物館、二〇一一）
『真宗重宝聚英』第四巻（同朋舎出版、一九八八）
『図録蓮如上人余芳』（前掲）
図録『東本願寺の至宝展―両堂再建の歴史―』親鸞七百五十回御遠忌記念展（朝日新聞社、二〇〇九）

図録『親鸞と妙安寺』（群馬県立歴史博物館、二〇一一）
『法流故実条々秘録』（『真宗史料集成』第九巻教団の制度化、一九七六）
北西弘編『金沢専光寺文書』（北国出版社、一九八五）

九　僧俗分離

朝尾直弘『大系日本の歴史』8天下統一（小学館、一九八八）
北西弘編『能登阿岸本誓寺文書』（清文堂出版、一九七一）
大桑斉「坊主役と坊主身分」（『日本歴史』501号、一九九〇）

一〇　理念の行方

『蓮如上人行実』（真宗大谷派宗務所出版部、一九九四）
図録『一向一揆』（石川県立歴史博物館、一九八八）
『城端別院　善徳寺史』（城端別院善徳寺、一九九九）
『湖北真宗の至宝と文化』（前掲）
『新修七尾市史』12造形文化編（二〇〇四）
図録『大阪の町と本願寺』（前掲）
朝尾直弘『大系日本の歴史』8天下一統（前掲）
『言経卿記』六（『大日本古記録』岩波書店、一九六九）

『法流故実条々秘録』（前掲）
大桑斉「近世国家の宗教性」（『日本史研究』６００号、二〇一二）
『御夜話集』上（前掲）
『鷺森旧事記』（前掲）

あとがき

二十七年前に教如伝（本書「伝記編」）を書いたのは依頼されてのことだったが、その以前から教如が気になっていた。以来、教如がずうっと念頭を去らない。なぜ教如が気になるのだろうか。今回、教如を論じながら、なぜだろうと心中でつぶやき続けていた。心に浮かぶままを言葉にすれば、教如に真宗が歴史に躍動する姿を見た、とでもいえばいいだろうか。蓮如においてもそれは見られた。でも、蓮如には老獪さが目に浮かぶ。教如にも政治性があったが、蓮如ほどは鼻につかず、むしろ純粋性のイメージである。教如には、真宗が純粋性において歴史に関わっている姿がある。

歴史に躍動する真宗といえば、真宗の世界ではあまり歓迎されない。親鸞の教えは、わたし一人の信心であり、社会に、歴史に、躍動的にはたらきかける、なんてことは、二の次、三の次である。教如が宗門に迎えられない根本的理由がここにある、と思う。

その宗門が、教如四〇〇回忌法要を勤めて教如を讃えようとした。どこかに無理がある。伝記を刊行し、展覧会を開き、シンポジウムを企画したが、理念が練り上げられないままに、教団の各部門が思い思いに事を進めたから、宗門として何を訴えようとするのか不明のままになった。それらの企画の一部に関わったが、このままでは言いたいことが言えないままに残ってしまう。

それではなるまいと、せめて論文にして残したいと、思いを書き始めた。ところが、いうべきことがあまりに多すぎて、論文という枠にはとても収まらない。それならいっそ本にしてしまえ、ということで、昔書いた「伝記編」と合わせて一書にした。これが本書の成り立ちの事情である。だから、論文とも読み物ともつかない生硬なものになってしまった。学術書として一書を著し、その上で、多くの人々に読んでもらえるような書にできたかもしれないが、いまやその余裕はない。考察や考証を省いて結論だけを述べれば、読みやすくはなるが、根拠を示さない論議となって後人を惑わせ、自身も後悔することになる。かくして二股かけての書となった。補註や参考文献を付したのはそのためである。

それでも読もうという読者を期待して、この書を公刊した。版元の法藏館、戸城三千代編集長のご決断に感謝したい。さらには面倒な注文を処理していただいた京都月出版の花月亜子氏には、ただただ感謝、という以上にいうべき言葉を持たない。記して謝辞としたい。

二〇一三年二月

京都東山寓居にて

大桑　斉

大桑　斉（おおくわ　ひとし）

大谷大学名誉教授、博士（文学）、真宗大谷派善福寺（金沢市）前住職。

1937年石川県金沢市生まれ。60年金沢大学法文学部史学科卒業、67年大谷大学大学院博士課程満期退学。同大学助手、専任講師、助教授を経て84年教授、2003年退職。

主著、『日本近世の仏教と思想』（法藏館、1989年）、『戦国期宗教思想史と蓮如』（法藏館、2006年）、『石山合戦』（編、大系真宗史料文書記録編12、法藏館、2010年）など。

教如　東本願寺への道

二〇一三年三月三〇日　初版第一刷発行

著　者　大桑　斉
発行者　西村明高
発行所　株式会社　法藏館
京都市下京区正面通烏丸東入
郵便番号　六〇〇-八一五三
電話　〇七五-三四三-〇〇三〇（編集）
〇七五-三四三-五六五六（営業）

装幀　井上二三夫
印刷・製本　立生株式会社

ISBN978-4-8318-6224-2 C1021